イチバン親切！ オリジナル作品が作れる！

わたしだけの
ハーバリウムBook

Sachiko Fukumoto 福本幸子

KODANSHA

はじめに

もともと「ハーバリウム(Herbarium)」とは植物標本を意味する言葉ですが、今では小さなガラス瓶にプリザーブドフラワーやドライフラワーをオイルで閉じ込め、植物を手軽に楽しむ作品を指す言葉となりました。

お手入れ不要で手軽に植物を楽しめるハーバリウム。
オイルで閉じ込めることでボトルの中にたくさんの光が集まり、光を浴びた植物たちはキラキラと美しい姿を私たちに見せてくれます。

植物だけでも十分美しいのですが、リボンやアーティフィシャルフラワーなどのいろいろな資材と組み合わせて、ハーバリウムの世界を広げてみませんか。
せっかく作るのだから「これを入れてはダメ」「これはハーバリウムではない」ではなく、「こんなこともできた」「これもいいかも」とプラスの思考で楽しめる、そんなハーバリウムの世界を紹介できたらと思います。

まだまだ可能性のある、ハーバリウムの世界をぜひ楽しんでください。

福本幸子
Sachiko Fukumoto

Contents

Chapter 1
ようこそ！ハーバリウムの世界へ

- 花1種でシンプルに ································ P6
- グリーンで爽やかに ································ P8
- 花とグリーンを合わせて ························· P10
- 花びらを集めてみずみずしく ··················· P12
- 花で描くグラデーション ·························· P14
- 野の花やハーブを束ねて ·························· P16
- モノトーンでシックに ····························· P18
- メタリック素材で華やかに ······················· P19
- リースとスワッグを空中に浮かべて ·········· P20
- ドライフルーツを主役に ·························· P22
- 多肉植物でテラリウム風に ······················· P23
- 特別な日のために〜クリスマス、イースター、ハロウィン、お正月 ······· P24

Chapter 2
ハーバリウムの基礎知識

- ハーバリウムの特徴 ································ P30
- 道具と材料 ··· P31
- 基本の作り方 ·· P32
- 花材の扱い方・入れ方・固定方法 ·············· P34
- 制作のヒント ·· P36

Chapter 3
ハーバリウムの飾り方・贈り方

- ワンランク上の飾り方 ····························· P40
- P40〜41　アイデアと作り方 ···················· P42
- ワンランク上のボトルデコ＆ラッピング ···· P44
- P44〜45　作り方とグッズ ······················· P46
- オイルランプで楽しむ ····························· P48

Chapter 4
もっと知りたい！ハーバリウムのこと

- 花材のこと ··· P52
- 器のこと ·· P56
- オイルのこと ·· P58

- ドライフラワーを作ってみましょう ·········· P53
- Q&A ··· P55
- How to make ··· P60
  - P6〜27、P30、P41、P48の作り方
- 本書の資材が購入できるところ ················· P79

本書の使い方

- 花材名は基本的に一般名称で表記していますが、一部プリザーブドフラワーやアーティフィシャルグリーンは商品名で表記しています。　●花材や資材の分量は目安です。
- 省略記号　**D**＝ドライフラワー、**P**＝プリザーブドフラワー、**A**＝アーティフィシャルフラワー
- 道具や材料に関する情報は2018年6月末現在のものです。

Chapter 1

ようこそ！
ハーバリウムの世界へ

凛としたローズの立ち姿や草陰からのぞく愛らしいウサギ etc.
ハーバリウムは、オイルの中に閉じ込められた
小さな世界を鑑賞する、新感覚のインテリアアイテムです。
本書では植物だけでなく、幅広い材料を使って
個性豊かな世界を提案。あなただけのお気に入りを作りましょう。

Simply with one flower
花1種でシンプルに

お気に入りの花を少量使って仕上げたハーバリウムです。
花材を絞り込んだ分、余白が生まれ、花の表情もしっかりとわかります。
花1本でもできるので、コストも手間もそれほどかかりません。
初心者にもおすすめのアレンジです。

No.1　No.2　No.3　No.4　No.5

ローズ
How to make : P61

ミモザ
How to make : P61

デルフィニウム
How to make : P61

No.6
No.7
No.8
No.9
No.10

カスミソウ
How to make : P62

アジサイ
How to make : P62

No.11 アジアンタム　How to make : P63

No.12 ゴシキカズラ　How to make : P63

No.13 アスパラガス・スプレンゲリー　How to make : P63

Refreshingly with green
グリーンで爽やかに

グリーンだけを使用したフレッシュなデザイン。
緑は目にも優しく、心落ち着く空間を演出します。
茎のラインが美しく、形が繊細で、黄緑色などの明るい色の葉を使うと、
光が差し込んだ時にその美しさが際立ちます。

No.14 ロータス・ブリムストーン
How to make : P63

No.15 ミスカンサス
How to make : P63

No.16 ラスカス
How to make : P63

No.17 リューカデンドロン
How to make : P63

Combining flowers and foliage
花とグリーンを合わせて

飽きのこない、ナチュラルな組み合わせのハーバリウム。
背景にグリーンがあることで、手前の花が引き立ちます。
グリーンは、細かい葉が広がるものを選べば優しい表情に、
ラインのある葉を選べばキリリとした印象になります。

No.18
デルフィニウム&ゴシキカズラ
How to make : P64

No.19
ラークスパー&ミスカンサス
How to make : P64

No.20
ローズ&ラスカス
How to make : P32

No.21
ローズ&ベアグラス
How to make : P64

No.22

ローズ&アイビー
How to make : P64

Vividly with many petals
花びらを集めてみずみずしく

ローズペタル（バラの花びら）がボトルの中でひらひらと舞って、花の浮遊感が楽しめる、ハーバリウムらしいデザインです。キャンディみたいな色は、見る人に元気を与えそう。お部屋のアクセントにもなります。

Blue No.28

Pink No.27

Yellow No.29

ローズペタル
How to make : P65

Color gradations with flowers
花で描くグラデーション

いろいろな花を下から重ねて、「層」になるように仕上げました。
濃い色から薄い色へと、上に行くに従って変化が楽しめる
花の色に。光にかざすと花びらが透けて美しく輝きます。
お好みの色で花のグラデーションを作ってみましょう。

Green
No.30

Yellow
No.31

Orange
No.32

花のグラデーション
How to make : P66

Red
No.33

Purple
No.34

Blue
No 35

花のグラデーション
How to make : P66〜67

15

Bundling wildflowers and herbs
野の花やハーブを束ねて

No.36　　　　　　　　　　　No.37

ローズの花束　　　　　　　アンモビウムの花束
How to make : P67　　　　How to make : P67

原っぱで花を摘んでさっとまとめたラフなイメージです。
好みの花を束ねて、リボンで結び小さな花束を作りました。
花束は形が崩れにくいので、イメージしたものに近い仕上がりに。
生花の花束よりも長持ちするので、誕生日の贈り物にしても喜ばれそう。

No.38　No.39

ラベンダーの花束　オレガノの花束
How to make : P68　How to make : P68

Chic black and white
モノトーンでシックに

シンプルな部屋と相性抜群のスタイリッシュなアレンジ。ハーバリウム特有のナチュラルなデザインが苦手な人や、男性にもおすすめ。花材を詰め込みすぎないようにしましょう。黒が多いと、暗くて重たい印象になるので注意。

No.40
ニゲラ・オリエンタリスのアレンジ
How to make : P69

No.41
シルバーデイジーのアレンジ
How to make : P69

Gorgeously with metallic-colored materials
メタリック素材で華やかに

冬の窓辺にも似合う、クールな佇まいのアレンジです。
他の作品とは一線を画す、メタリックな素材をチョイス。
ゴールド＆シルバーのカラーとリンクするように、
キャップにも同色の光るリボンを装飾しました。

No.42　ゴールドのアレンジ　How to make : P70

No.43　シルバーのアレンジ　How to mcke : P70

Floating wreaths and swags
リースとスワッグを空中に浮かべて

Orange No.44

Purple No.45

ペッパーベリーのスワッグ
How to make : P71

No.46

リボンのリース
How to make : P70

リースやスワッグが宙に浮いている、不思議なハーバリウムです。
ボリュームのある花を透明なシートを使って、つり下げています。
アイデアとテクニックが光る作品です。
※スワッグ……ドイツ語で「壁飾り」の意味。

Pink No.47

Yellow No.48

Purple No.49

アナベルのリース
How to make : P72~73

Featuring dried fruits
ドライフルーツを主役に

色とりどりのドライフルーツが詰まった、デリシャスな一品。
オレンジやアップルはカットして瓶の中へ。
ばらばらにならないように、グルーで留めています。
キッチンなどのインテリアとして飾っておいても素敵。

No.50
レモン&アップル
How to make : P74

No.51
ライム&オレンジ
How to make : P73

Terrarium-style with succulents
多肉植物でテラリウム風に

アーティフィシャルグリーンの多肉植物を用いて、人気のテラリウム風に。オイルが入っているので、海の中の風景のようにも感じられます。水槽のように上から見ても楽しめる仕上がりに。

No.52
エアプランツ&グリーンネックレス
How to make : P74

No.53
サッカレンテン
How to make : P74

For special occasions
特別な日のために

期間限定の、スペシャルなハーバリウムを紹介します。
サンタクロースやウサギが木陰からひょっこり顔を出す、
ジオラマ風の楽しい演出にも注目してみてください。
簡単なので、オリジナルのキャラクターで作ってみては？

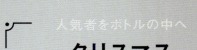

人気者をボトルの中へ
クリスマス

一年の中でも心待ちにする人が多いクリスマス。そんな時期にふさわしい楽しいキャラクターは、見ているだけでも気持ちが温かくなります。

No.54
サンタクロース
How to make : P75

No.55
スノーマン
How to make : P75

かわいいウサギが宝さがし
イースター

欧米の春の一大イベントの主役は、卵を探すウサギちゃん。ウサギのスタンプを紙に押して、切り取って使いました。身近な文具で楽しい演出ができます。

イースターバニー
How to make : P76

No.56

定番カラーをちりばめて
ハロウィン

日本でも人気イベントになったハロウィン。オレンジと黒のカラーで雰囲気を表現しました。空を飛ぶのは、黒いサテンリボンで作ったコウモリです。

〈 ハロウィン 〉
How to make : P77

No.57

For special occasions
特別な日のために

雅なイメージで
お正月

水引や掛け軸風の飾りを施した、和のハーバリウムです。床の間や和室はもちろん、玄関や洋室に飾っても雰囲気たっぷりです。

水引飾り
How to make : P78

掛け軸
How to make : P79

No.58　No.59

Chapter 2

ハーバリウムの基礎知識

そもそもハーバリウムって何？ 必要なものは？
どうやって作るの？ ハーバリウムについて知りたいこと、
覚えておきたいテクニックを徹底的にガイドします。
ハーバリウムに興味を持ったら、
まずはここから読んでください。

ハーバリウムの特徴

おしゃれなインテリアボトルとして人気のハーバリウム。
自分で作る前に、特徴や仕組みなどを知っておきましょう。

飾れる標本
ハーバリウムとは、本来は「植物標本」のことですが、その美しさから「現代版の水中花」ともいわれ、新感覚のインテリアアイテムとして人気です。

基本構成
ボトルの中は花材とオイルだけという、シンプルな構成です。ボトルの形や花材の色、組み合わせでオリジナルのハーバリウムを作ることができます。

美しさの秘密
花材を入れたボトルをオイルで満たすことにより、入ってきた光がボトル内で繰り返し反射する「全反射」という現象を起こし、それが花材を明るく照らし、さらに美しく見せる仕組みです。

変化を楽しむ
完成後、オイルを吸い込んだ花材に少しずつ変化が現れます。沈んだり、浮いたり、透けたり、つぶれていた花がふんわり開いたりと、変化が楽しめるのもハーバリウムの魅力です。

お手入れ不要
生花と違って、水替えの必要がありません。そのまま飾って楽しむことができます。飾る場所の環境により異なりますが、おおよそ1〜2年楽しむことができます。

場所いらず
スリムなボトルは、窓辺やコーナーなどの狭い場所にも置くことができます。また、かさばらないので持ち運びにも便利。プレゼントや結婚式の引き出物にも最適です。

香りが苦手な人にも
密栓したボトルは無臭なので、花の香りが苦手な人や花粉アレルギーの人にも贈ることができます。

No.60

No.3

※ No.60、No.3 の作り方は P 68 と P61 に掲載。

30

道具と材料

まずはハーバリウムを作る時に必要なものをそろえましょう。
基本アイテムと、あると便利なアイテムをあげてみました。

基本アイテム

必ず用意するのは下記の4アイテムになります。
「あると便利なアイテム」は、必要に応じてそろえていきましょう。

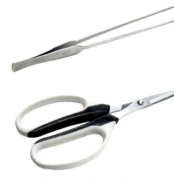

花材
ドライフラワーやプリザーブドフラワー、アーティフィシャルフラワーなど、乾燥したものを使います。水分を多く含む生花は使用できません。必要に応じてリボンやオーナメントなどの資材を使うこともあります。→詳細はP52〜54

器（ボトル）
ガラス製の密栓できる器を使用します。キャップはオイルが漏れないようにネジ式のものを選びましょう。ハーバリウム専用ボトルも多数市販されているので、それらを利用してもよいでしょう。→詳細はP56〜57

オイル
ハーバリウム専用のオイルがおすすめ。高純度に精製されたものなので、オイル自身が劣化しにくく、光がたくさん反射します。オイルは使用するボトルの容量よりも多めの量を用意しておきましょう。→詳細はP58〜59

ピンセットとハサミ
ピンセットは花材をボトルの中へ入れる時に、ハサミは花材カットなどに使用。ハーバリウムでは口径が狭く、細長いボトルを使うことが多いので、底まで花材が届くよう、柄の長いピンセットを用意しましょう。

あると便利なアイテム

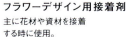

糸針金
花材を束ねたり、まとめたりする時に役立つ。

PVCシート
花材や資材に貼り付けて使用。薄いタイプが使いやすい。

アルコール除菌シート
こぼれたオイルやキャップの周りを拭く時に。オイルを完全にオフすることにより、キャップが閉まりやすくなる。

水溶性フラワーコーティング剤（ドライフラワー用）
壊れやすいドライフラワーに吹き付け、花を保護。

フラワーデザイン用接着剤
主に花材や資材を接着する時に使用。

多用途接着剤
主に蓋の固定をするために使用。

テグス
主にPVCシートや花材をつり下げる時に使用。

鉛シート
花材や資材を浮きにくくするための重し。

基本の作り方

作業工程はいたってシンプル。花材をカットしボトルの中へ入れ、オイルを注ぐだけです。それほど難しくありませんが、いくつかのポイントを押さえて作ると、仕上がりの美しさが断然違います。

P10 ローズ&ラスカス

主役のローズが美しいハーバリウムです。正面のあるデザインは、花材がボトルの中であまり動かないように配置することが大切。一番長い花材の長さをきちんと測り、花材同士を引っ掛けながら、短いものから順に入れていくとよいでしょう。

主役のローズが美しく見える向きを考えて配置を。

花材同士を引っ掛けるようにすると、花材がばらけることなく固定される。

- 花材／ⓐローズ（イエロー）2輪 D、ⓑラスカス大小各1枝 P
- 器／ガラスボトル（四角150ml 幅4×奥行き4×高さ17cm 口径2cm）
- ハーバリウムオイル／約160ml
- その他／水溶性フラワーコーティング剤（ドライフラワー用）
- 道具／ハサミ、ピンセット、アルコール除菌シート

準備

ボトルを洗浄し、乾燥させる

ボトル本体は洗浄し、キャップはアルコール除菌シートで拭き取り、乾かしてから使う。水分が残るとカビ発生の原因に。

Side

Back

No.20

完成から1ヵ月後

オイルが十分染み込んだローズとラスカスは、その重みで徐々に沈んで位置が安定。完成直後に発生する気泡は、時間の経過とともに消えていきます。

作り方

01 花材の長さを測る

最初に一番長くなる花材のサイズを測る。ボトルに花材を当て、底から肩に当たる長さを測り、カット。

02 花材をカット

残りの花材は、最初の花材よりも短くなるようにカット。ローズは段差を付けて2本、短めのラスカス1本もカット。

03 仮置きする
事前にボトルの隣に花材を仮置きし、ボリュームや長さを確認しておく。

04 コーティング剤を塗布
壊れやすい花材、特にドライフラワーにはコーティング剤を塗布。花を保護し、型崩れを防ぐ。

05 ピンセットの持ち方
ロングサイズのピンセットはV字に近いほうを持つと、花材をボトルの底まで入れることができる。

06 花材は下から順に
ボトルの下に配置する花材は、後からは入れにくくなるので、丈の短いラスカスを最初に入れる。

07 段差を付けて入れる
ローズは短い丈、長い丈の順に、ラスカスの後ろ側に花材同士を引っ掛けるように入れる。

08 長い丈の花材は最後に
長い丈のラスカスを一番背面に入れ、葉の先端は肩に当たるように配置。

09 調整する
正面のあるデザインなので、花や葉の向きと位置を確認し、花材の引っ掛かりを意識しながら調整する。

10 固定を確認
ボトルを逆さまにして花材の固定を確認。花材が動かなければ、OK。この時、中のゴミも出しておく。

11 オイルの入れ方
ボトルを傾け、オイルの注ぎ口をボトルの口元に当て、内側を伝うようにゆっくりと入れる。

一気に注がない
花材に直接かけたり、勢いよく注ぐと、オイルの重みで花材が押しつぶされ、動いたり沈んだりする原因に。

12 オイルの量は
気温の上昇などでオイルが膨張した時に漏れないよう、ボトルの上部に空間を少し残して、入れる。

13 ネジ部分を拭く
アルコール除菌シートでネジ部分を拭く。オイルの付着はキャップの緩みやオイル漏れの原因に。キャップを閉めて完成。

花材の扱い方・入れ方・固定方法

扱い方

花材はデリケート。優しく丁寧に扱いましょう。
作業前に確認＆実践したい5つの項目を紹介します。

01 花材をチェック
破れた花びらや葉、虫食いの葉など、見た目が美しくないものは、前もって取り除いておきます。

02 花や葉を整理する
透け感が美しさを左右するので、密集した葉や茎が邪魔になることも。それらを間引いてすっきりさせて使いましょう。写真はゴアナクロウの葉を整理したところ。

03 湿気が気になる花材は
時間が経った花材は湿気を帯び、カビの胞子が付くことがあります。そのままオイルの中へ入れるとカビが発生することも考えられます。市販の乾燥剤と一緒に密閉袋に入れ、1週間ほど乾燥させてから使いましょう。

04 つぶれた花材は
箱や袋の中で押しつぶされてしまった花材は、指先でふんわりと広げてから使用しましょう。ただし、壊れやすいドライフラワーにこの作業はNGです。

05 コーティング剤を使用
ドライフラワーには、前もってコーティング剤を塗布しましょう。壊れにくくなり、扱いやすくなります。完全に乾いてから使用しましょう。

入れ方・

01 下から順に
花材はボトルの底から順に入れていくのが基本。長さの違う花材は、短い→長い順に入れていきましょう。正面がある場合は、手前に見栄えのする花材が来るように配置します。

05 花留めとなる花材を先に
アジサイなど、枝分かれした花材を一番下に入れ、それを花留めにします。細かい花を下部に入れると、足元隠しにもなります。

知っておくと、作業がしやすくなり、仕上がりも美しくなる、ちょっとしたコツとテクニックを紹介します。
特に花材を固定する方法は、用途に合わせて使い分けができるので、ぜひ覚えておきましょう。

固定方法

ハーバリウムを作る工程で苦労するのが、花材を入れたり、固定したりすること。
本書で紹介したテクニックはどれも簡単。ぜひ試してみてください。

02 大きな花材は

花材はボトルの口に入るサイズを選びますが、多少大きくても弾力のあるものなら、少し押し込むようにすると入ります。ドライフルーツなど、カットできるものは事前に適切な大きさにします。

03 引っ掛けながら

花材の留め方の基本になります。花材同士や花材と資材を引っ掛けるように入れると、花材がその位置にとどまり、オイルを入れても動きにくく、浮きにくくなります。

04 ボトルの肩で固定

ボトルの肩を利用して、花材を固定します。背丈のある花材を肩に当たるように入れると、上下が固定されます。ただし、肩のないボトルではできません。

06 接着剤で花材を固定

オイルを入れた時に、ばらばらになりやすい花材や、短くて浮きやすい花材などは、フラワーデザイン用接着剤で一つにまとめて固定し、ボトルの中へ入れましょう。

07 透明シートで花材を固定

リースやスワッグなどの特殊な形状のものは、ボトルの中へ入れても見えにくい、透明のシート（PVCシート）を利用します（P20～21のNo.44～49参照）。

08 砂などを花材留めに

雪景色や海辺の景色など、何かの風景をボトルの中に作る時は、砂や粒ガラスなどを敷くと、景色も表現しやすく、花材も留めやすくなります（P23のNo.52～53、P24のNo.54～55参照）。

制作のヒント

気軽に楽しく作りたいハーバリウム。素敵に仕上げるためのアドバイスを少しだけ紹介します。まずは始めてみましょう！

Hint1 ▶▶ 自由な発想で

ハーバリウムを作るのに特別な決まりはありません。ボトルの中に好きな花材を入れ、自由に配置してみましょう。大好きな花を1本だけ入れてもいいし、種類の違う花を積み重ねるように入れても。花以外にも、リボンやパールなどのパーツ類からオーナメントやフィギュアまで、何を使ってもOK。無限の可能性が広がります。豊かなアイデアで自分だけの世界をボトルの中に表現しましょう。

こんな愛らしいオーナメントもハーバリウムの材料に。立体的なものから平面的なもの、自然素材からメタリックな素材まで、制限なし。

Hint2 ▶▶ 小さめボトルから

ハーバリウムは口の狭いボトルを使うことが多いので、初めて挑戦する方は、花材の入れにくさに戸惑うことも。背丈の低い、小さめのボトルからスタートすると、花材もすんなりと入るはず。ただし、背丈は低くても口の広いボトルは、花材が浮きやすいので注意しましょう。

背丈10cmほどのボトルなら、花材も入れやすく、少量でも十分きれい。

Design variations
ハーバリウムのデザインバリエーション

本書で紹介したハーバリウムをタイプ別に分けてみました。どんなデザインにするか迷った時の参考にしてください。

No.2

植物標本風
本来の「植物標本」に近い、花や葉がよく見える、すっきりしたシルエットが特徴。正面を決めて花材を入れていきます。

本書での作例→
No.1～7、No.11～22

No.42

スタンダード
花材や資材を引っ掛けて留めたり、積み重ねて作ります。一番ポピュラーなスタイル。

本書での作例→ No.8～10、No.23～35、No.40～43、No.56～59、No.60～63、No.65～66

No.39

花束
複数の花材を一つに束ねた、かわいらしいデザイン。花束をボトルの中へ入れるだけなので、初心者にも簡単に作ることができます。

本書での作例→
No.36～39、No.64

Hint3 ▸▸ 詰め込みすぎない

ハーバリウムの魅力は透明感と浮遊感。花材を詰め込みすぎると、その両方が失われてしまいます。ボトルの中にすき間があることで、外から光を取り込み、中で反射を繰り返し、花を輝くように美しく見せます。花材の量は少ないかな、と思うくらいで十分。花材の配分は下を多めに、上に行くほど少なめにし、色は下を濃いめに、上は薄めにすると全体のバランスが取れるでしょう。

ボトルの中に空間があることで、花材が引き立ち、ハーバリウム独特の透明感も生まれる。

Hint4 ▸▸ 失敗のない同系色

出来上がりを左右するのが色使いです。使っていけない色はありませんが、自然の光や照明の光が当たることによって、ボトルの中の花材が輝きを増すので、透け感のある花材、淡い色の花材を一つ入れておくとよいかもしれません。初めての方には、同系色で濃度の違う色の組み合わせが、簡単で失敗がありません。濃い色、マットな質感のものは少量にとどめておくほうがよいでしょう。

左の写真は、誰にでもすぐに取り入れることができる、同系色の組み合わせ。コントラストを効かせた色の組み合わせなら、右の写真のように淡い色を選ぶと、優しくまとまりのある印象に仕上がる。

本書での作例
→ No.44～49

No.45

リース&スワッグ

人気のリースやスワッグをハーバリウム流に。PVCシートを使ったベース作りさえ覚えれば、いろいろとアレンジが楽しめるデザインです。

コンポート風

大地の恵みをたっぷりと瓶の中へ。フルーツの香りが漂ってきそうな、おいしそうなハーバリウムです。食べられないので、小さな子どもがいる家では置き場所に注意を。

本書での作例
→ No.50～51

No.50

No.52

テラリウム風

密閉容器の中で植物を育てる「テラリウム」の世界を、ハーバリウムにも応用。お手入れ不要なグリーンライフが楽しめます。

本書での作例
→ No.52～53

ジオラマ風

ボトルの中にオーナメントやデコパーツ、フィギュアなどを入れ、物語性のある世界を表現。手順は簡単なので、子どもと一緒に作っても楽しいでしょう。

No.55

本書での作例
→ No.54～55

Chapter 3

ハーバリウムの飾り方・贈り方

一生懸命作ったハーバリウムは、そのまま飾っても、
贈り物にしても十分に素敵ですが、
工夫次第でさらにいろいろな楽しみ方ができます。
気軽に実践できるアイデアを紹介します。
プラスアルファで特別なハーバリウムに仕立てましょう。

ワンランク上の飾り方

Idea1 ▶▶ 香りとともに

本来、香りのないハーバリウムですが、そばにフレグランスグッズを置くだけで、まるでハーバリウムから香りが漂っているような演出ができます。お気に入りの香りを隣に飾り、心地よい気分に浸りましょう。→詳細はP42

Idea2 ▶▶ フレームに収めて

ハーバリウムを額の中に入れて、フレームアート風に。小物や雑貨、あるいは写真など、好みのグッズや思い出の品と一緒に、自分だけの世界をフレームの中に表現してみてはいかがでしょうか。→作り方はP42

ハーバリウムのある暮らしをもっと楽しみましょう。ちょっとしたアイデアや身近なグッズで、ハーバリウムがさらにセンスアップします。

Idea3 ▸▸ ライトアップして

日中の、自然な光を通して見るハーバリウムも美しいのですが、夜になってライトに照らし出されたハーバリウムもまた幻想的な光景です。ライトの色により、華やかにも、リラックスムードにも変えることができます。昼も夜も一日中ハーバリウムを楽しみましょう。No.61はLEDレインボーコースター、No.62はLEDコースター、No.63はLEDティーライトキャンドルを使用しています。→詳細はP43

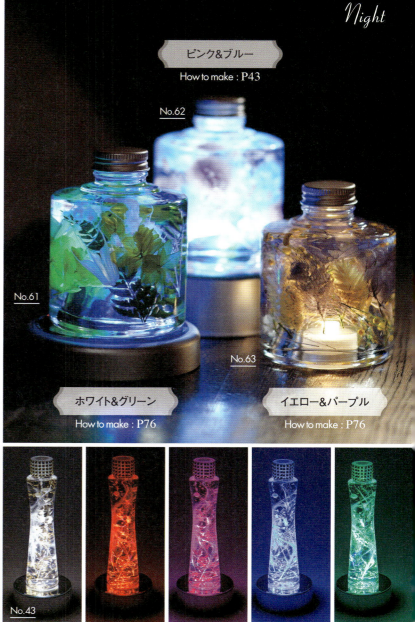

Night

ピンク&ブルー
How to make : P43
No.62

No.61

No.63

ホワイト&グリーン
How to make : P76

イエロー&パープル
How to make : P76

No.43

ハーバリウム専用のディスプレイライトは、ナチュラルな白色から、明るい蛍光色までさまざま。写真はLEDコースターを使用。

Day

No.62

No.61　No.63

41

P40〜41 アイデアと作り方

前ページのアイデアやグッズの作り方を紹介します。あなたのセンスもちりばめて、よりグレードアップした飾り方を楽しみましょう。

(Idea1 ▶▶ 香りのアイデア)

ハーバリウムで使用した花材とリンクした香りを選ぶと、統一感のある飾り方ができます。

No.2
ハーバリウム＋ポプリ
ローズのハーバリウムにローズのポプリを並べて。甘い香りと色でロマンチック気分満点に。

No.38
ハーバリウム＋リードディフューザー
ラベンダーの花束のハーバリウムに、同じ香りのディフューザーを。ラベンダーは安眠効果もあるので、ベッドサイドなどにどうぞ。

No.50
ハーバリウム＋フルーツ
ドライフルーツのハーバリウムと生のフルーツを一緒に。柑橘系の香りは、気分を上げてくれます。

(Idea2 ▶▶ フレームの作り方)

P40のフレームはグリーンとビーズでデコレーションするだけ。フレームは厚みのあるものを使用しましょう。

No.5

- **花材**／ⓐスマイラックス2枝 [P]
- **その他の材料**／ⓑフレーム（幅16.8×奥行11×高さ21.6cm）、ⓒコットンパール1個、ⓓガラスビーズ2個、リボン、紙巻きワイヤ（♯24）、フラワーデザイン用接着剤
- **道具**／ラジオペンチ

01 スマイラックスをフレームに収まる長さにカット。茎元をパールに通し、フレームの右上奥にフラワーデザイン用接着剤で付ける。

02 ガラスビーズをつり下げるためのワイヤをコの字に折り曲げ、先端は長さを変えてラジオペンチでカット。

03 ⓒを左上にフラワーデザイン用接着剤で貼り、その上をリボンで隠す。ワイヤの先端は折り曲げておく。

04 ⓒの折り曲げたワイヤに、ガラスビーズをつるす。ハーバリウムを右側に置く。

Idea3 ▶▶ ライトアップ用 ハーバリウムの作り方

ライトアップ用は、花材を詰めすぎたり、濃い色が多すぎると、ライトアップした時に黒っぽくなるので、花材の量や色に注意が必要です。

P41
ピンク&ブルー

No.62

No.61　No.63

How to make : P76

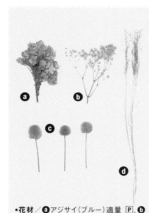

- **花材**／ⓐアジサイ(ブルー)適量 P、ⓑカスミソウ(ピンク)適量 P、ⓒセンニチコウ(ピンク)3本 P、ⓓアグロスティス2本 P
- **器**／ガラスボトル(スタッキング 180㎖ φ7.5×高さ9.5cm 口径2cm)
- **ハーバリウムオイル**／約190㎖
- **道具**／ハサミ、ピンセット、アルコール除菌シート

01 花材を切り分ける。花材同士を引っ掛けて入れるので、あまり細かくカットしないこと。つぶれている花材は広げておく。

02 アジサイを入れ、次にアジサイの茎に引っ掛けるようにして、カスミソウを入れる。

03 センニチコウは花の頭だけを使い、同じ色が重ならないように、アジサイとカスミソウに引っ掛けながら、バランスよく入れる。

04 最後にアグロスティスをまんべんなく入れる。オイルを入れ、キャップを閉める(P33⑩〜⑬参照)。

ライトアップグッズ

ハーバリウムを照らすライトは、専用のものからディスプレイ用のものまで種類も色も豊富。部屋の雰囲気やその日の気分で選んでみましょう。

LEDコースター
上に置くだけで光るコースター式のライト。単色で光るもの、色が変わるもの、回転など幅広くあります。

LEDレインボーコースター
加重式のライトでボトルを載せると、7色がゆっくりと変化しながら光ります。

LEDティーライトキャンドル
スタッキングボトル用のライト。ボトル底のくぼみに入れて使います。

LEDバーライト
インテリアの間接照明に使われることの多い棒状のライトで、ハーバリウムでも人気。

LEDバーライト
一度にたくさんのハーバリウムをライトアップできるLEDバーライト。

ワンランク上のボトルデコ＆ラッピング

No.16　　No.9　　No.20

Idea4 ▸▸ ラベルやタグで植物標本風に

ボトルにラベルやタグを付けることで、本来の「植物標本」のスタイルに近づき、知的な印象に。贈り物にする時にも、「Herbarium」という文字や植物名などが記してあると、相手にわかりやすくて親切です。→詳細はP46

Idea5 ▸▸ リボンやチャームでドレスアップ

色とりどりのリボンやタッセル、チャームなどの小物使いで、ハーバリウムに新しい表情をプラス。キャップにリボンを巻き付けるだけで、見た目もぐっとおしゃれに。ボトルの雰囲気に合わせたコーディネートを楽しみましょう。→詳細はP46

No.47　　No.3　　No.18　　No.42

ボトルに一手間加えるだけで、ハーバリウムの魅力がさらにアップ。身近な素材を活用してできる、ボトルの装飾とラッピングアイデアを紹介します。

Idea 6 ▶▶ ラッピングにも こだわって

生花のようにお手入れのいらないハーバリウムは、贈り物としても喜ばれます。贈る相手や贈るシーン、ボトルのイメージなどに合わせて、素敵なラッピングを考えましょう。おすすめは、ハーバリウムの美しさがよくわかる、透明な素材を使ったラッピング。ボトルを保護する包み方も忘れずに。→詳細はP47

No.56　No.44　No.19

No.34

郵送で送る時には、厚手のボックスに緩衝材を入れて破損しないようにします。専用ボックスやケースも販売されているので、それらを利用してもよいでしょう。

P44〜45 作り方とグッズ

ボトルデコレーションのプロセスと関連グッズを紹介します。資材店や文具店でおしゃれグッズを見つけ、ストックしておきましょう。

Idea4 ▶▶ タグの作り方

No.20

リボンでできるオリジナルタグ。色や素材を変えて楽しんで。

●材料／ⓐリボン25mm幅、ⓑリボン3mm幅、ⓒスタンプ（英字）、ⓓスタンプ台（茶色）、フラワーデザイン用接着剤、両面テープ

01 ⓐを4cmにカットし、英字スタンプを押す。上端はほつれないように、両面テープを貼って折り曲げる。

02 01の上部中央にフラワーデザイン用接着剤を付ける。

03 ボトルの首周りより長めにカットしたⓑのリボンをクロスさせ、クロス部分を02に接着する。

Idea5 ▶▶ デコキャップの作り方

No.42

リボンはキャップの幅に合わせて選びましょう。

●材料／ⓐメタリックリボン30mm幅、両面テープ

01 キャップの側面に両面テープを貼る。

02 キャップの外周の長さと幅にⓐをカット。01に貼り付ける。

Variation
布のリボンは、キャップの外周より少し長めにカットし、貼り付ける。

※布のリボンの幅を狭くする場合、両面テープで折り込んで幅の調整を行う。

ラベル&タググッズ

ボトルやキャップを装飾する、おしゃれなアイテムを集めました。

ラベル
市販品には、ハーバリウムの英字入りのラベルから、花材名や作品名、日付が入るラベルまでいろいろ。資材店で手に入ります。

タグ
お気に入りのメッセージやフレーズのタグを、ボトルの首にかけるだけで印象度アップ。市販のプレゼント用のタグなどを活用しましょう。

手作りラベル
花の名前から作品名まで、パソコンやプリンターでマイラベルを手作り。作品のイメージに合わせたフォント（書体）を使いましょう。

デコレーショングッズ

アクセサリーやインテリア用品もボトル装飾に利用できます。

リボン&マスキングテープ
キャップだけでなく、ボトルのデコレーションにも使えます。幅広いタイプは直接ボトルに巻き付けても素敵です。

チャーム&タッセル
チャームに革紐やリボン、チェーンを通して首周りのアクセントに。タッセルの色は、ボトルの中の色とそろえるとおしゃれ感がさらに増します。

Idea6 ▶▶ 手作りラッピング

OPPフィルムを使ったオリジナルラッピングと、市販品に一手間加えるアイデアを紹介します。

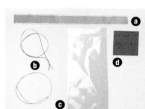

・材料／**a**リボン25mm幅、**b**革紐2種 **c**OPPフィルムの袋、**d**厚紙（5×5cm）、セロハンテープ、両面テープ、フラワーデザイン用接着剤
・道具／ホチキス

No.56

01 OPPフィルムの袋の底に厚紙を入れる。袋の両端にできる三角部分を下側に折り曲げて、セロハンテープで留める。
※わかりやすいように、袋の色を濃くしています。

02 01にボトルを入れ、袋の上部を折り曲げて、両脇をホチキスで閉じる。

03 両面テープを付けた**a**のリボンを、02で閉じた部分に貼り付ける。革紐を輪にして飾りを作り、接着剤で留める。

・材料／**a**スリーブケース、**b**スタンプ（英字）、**c**スタンプ台（パープル）、**d**リボン

No.19

01 スリーブケースの表面に英字スタンプを押す。

02 01にボトルを入れ、ケースを組み立て、リボンで上部を飾り付ける。

ボックス&クリアケース

専用ケースはさまざまなタイプやサイズがあります。

ボトルボックス
ハーバリウム専用のボックスが、ボトルの形と容量別に資材店などで市販されています。1本用、2本用、3本用などがあります。

クリアケース
ハーバリウムの美しさがそのまま鑑賞できる、透明のケース。ボックス同様、ボトルの形と容量別に市販されています。

スリーブケース
ボトルの中がしっかり見える、組み立て式の紙製のケース。他同様、ボトルの形と容量別に市販されています。

Column

ギフトには一言添えて

贈り物として渡す場合、ハーバリウムについての説明を忘れずにしましょう。ハーバリウムとはどういうものかという説明や、お手入れ不要で長期間楽しめること、蓋は開けないこと、火の近くや直射日光は避けて置くこと、子どもやペットの手の届かない場所に置くこと、廃棄方法（P59参照）などを伝えます。市販の取扱説明書を利用してもよいでしょう。

市販の取扱説明書。資材店他、ネット販売でも手に入る。（写真はシールタイプ）

オイルランプで楽しむ

夜の時間もハーバリウムを楽しめるのが、オイルランプです。LEDの光とは違う、温かみのある炎に気持ちもほっこり。

ゆらめきと陰影が魅力

いろいろな広がりを見せるハーバリウムの楽しみ方。なかでも人気なのがオイルランプのハーバリウムです。オイルランプ用のオイルと芯を使うだけで、キャンドルのような明かりが楽しめます。手順はハーバリウムを作る時とほぼ同じ。電気を消してランプをつけて、ボトルの中の植物たちの違った表情を見てみましょう。

グリーン系
How to make : P77
No.64
オレンジ系
How to make : P77
No.65
No.66
ピンク系
How to make : P49

Light up

Natural light

オイルランプ用
ハーバリウムの作り方

芯が長いと煤が出たり、炎が大きくなるので、芯先を短くカットします。オイルの継ぎ足しは可能ですが、デザインが変化する場合もあります。

No.66

P48
ピンク系

- **花材** ／ⓐヒメワラビ葉 5枚 [D]、カスミソウ ⓑパープル、ⓒ薄いパープル 各2枝 [P]
- **器** ／ガラスボトル（テーパー型200ml φ6×高さ22cm 口径2cm）
- **オイルランプ用オイル** ／リキッドキャンドル（ピンク）約210ml
- **その他の材料** ／ⓓリボン（ピンク、パープル）、針、糸針金（#34・ゴールド）、オイルランプ用の芯（スクリュータイプ）
- **道具** ／ハサミ、ピンセット、アルコール除菌シート

01 長さ10cmのリボンと、30cmの糸針金を通した針を用意。リボンの片側の縁を並縫いする。並縫いした糸針金を引いてギャザーを寄せて「花」を作る。

02 30cmの糸針金の途中に残り5個の「花」を作り、ガーランドにする。

No.64　No.65

How to make :
P77

03 ⓸をボトルの中へ。切り分けた花材を半分ほど入れる。

04 芯は曲がったままだと入れにくいので、手でまっすぐ伸ばす。

Point

05 芯はなるべく外側から見えないように、ボトルの中心を目指して入れる。

Point

06 芯が隠れるようにしながら残りの花材を中へ。専用オイルをハーバリウムオイルと同様に入れ、蓋を閉める。

Point

07 芯先を1mmにカット。芯が長いと点火後、炎の長さが高くなりすぎるので必ずカットする。

オイルランプの材料と道具

安全に考慮した、専用の材料や道具を選びましょう。

オイルランプ用オイル
安全性の高い専用のものを使用して。無色透明から色付きのものまであり、本書ではピンクとシャンパンゴールド、透明の専用オイルを使用しています。

口金と芯
ハーバリウムのボトルにも取り付けられる、口金と芯のセット。芯は好みの長さにカットすることができます。

容器
専用のガラス容器（写真中央、右）が安心。ハーバリウム用ボトルにはオイルランプに使用できるもの（写真左）もあります。

Column

安全に楽しむために

点灯中は火のそばから離れないようにしてください。消火直後は、口金とその付近は熱くなっています。不用意に触らないようにしましょう。オイルランプ用のオイルは、ハーバリウムオイル同様、火の気がなく、子どもの手が届かないところで保管・管理を。

炎に十分注意しながら、安全に楽しんで。

Chapter 4

もっと知りたい！
ハーバリウムのこと

この章では、ハーバリウムに欠かせない材料や道具について、
より詳しく解説します。ひと口に花材といっても種類はたくさん！
そのチョイスがデザインに影響することも。
材料や道具の知識を深めることで、表現の幅も広がります。
取り扱いの注意点や役立つミニ情報も掲載しました。

花材のこと

ハーバリウムのメイン材料となる花材は、主にドライフラワー、プリザーブドフラワー、アーティフィシャルフラワーの3種類。それぞれの特徴を知って使い分けましょう。

ドライフラワー

生花を乾燥させたもので、セピアな色合いが特徴。壊れやすいのが難点。扱いは丁寧に。

花
枝分かれしたスプレー咲きの花が豊富。茎の付いているものが多く、茎をそのまま使って自然なデザインができます。ヘリクリサムのように花だけで販売されているものもあります。

グリーン&実もの
葉は薄くて、とても割れやすいので注意を。スケルトンリーフは透け感を出したい時に。ドライの実ものはとても堅く、ボトルに入れる時に茎から取れやすいので丁寧に扱います。

花材ごとの特徴を理解して使い分けを

ハーバリウムに使う花材は、必ず乾燥したものを使用します。花や葉に水分が付着していると、オイルの中でカビが発生する原因になります。生花は使用できません。また、花材によって色落ちすることもあるので、事前のテストをおすすめします（右のColumn参照）。自然な雰囲気を出すならドライフラワーを、ポップなデザインや明るい雰囲気を出すなら、色や種類の豊富なプリザーブドフラワーやアーティフィシャルフラワーを。もちろんミックスもOK。花材の特徴や性質を考えて選びましょう。

ドライフルーツ&スパイス
見た目や形にインパクトがあるので、個性的なアレンジに。スライスされたドライフルーツは傷みやすいので保管に注意を。アソートでの販売もあるので上手に選んで使いましょう。

プリザーブドフラワー

生花に加工を施したもので、ドライフラワーよりも扱いやすく、オイルが染み込んでくると透明感が出てきます。

グリーン&実もの
鮮やかな色がそろうグリーンや実もの。ドライフラワーに比べると壊れにくいので、初心者にもおすすめ。

花
ドライフラワーと違い、茎なしの花だけのものが充実。着色したものも含めて色は豊富。小分けや花留めができるアジサイは使い勝手抜群です。

Column

事前に色落ちをチェック!

着色をしているプリザーブドフラワーやドライフラワー、アーティフィシャルフラワーはもちろん、着色をしていないドライフラワーでもオイルに入れると色が抜けて、オイルに色素が溶け出すことがあります。心配な花材や材料は使用前に、オイルに1週間ほどつけ込んで確認しておきましょう。

こんなふうに小さくカットした花材や材料を、オイルにつけて様子を見るとよい。

ドライフラワーを作ってみましょう 1
実践!バラのドライフラワー

思うような花材が見つからない時は、自分でドライフラワーを作ってみましょう。ドライに向くのは、水分の少ない、小さな花や葉を持つものです。自然乾燥よりも、花の色が鮮やかなままドライになる、専用の乾燥剤を使う方法が簡単でおすすめ。スプレーバラで実践してみましょう(作り方はP54に)。ポイントは乾燥剤を花びらの奥までかけて行き渡らせること。約1週間後には、美しい色を保ちつつドライに。

用意するもの
ⓐ生花(スプレーバラ2種) ⓑハサミ
ⓒドライフラワー用乾燥剤 ⓓ容器(密閉できる蓋付きのもの)

→P54へ続く

アーティフィシャルフラワー

人工的に作られた花やグリーンのことで、他の花材にはない色や形、装飾を施したものがあります。

カランコエ / ブロッサムスプレー / パンジー / ポンポンマム

花

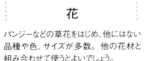

パンジーなどの草花をはじめ、他にはない品種や色、サイズが多数。他の花材と組み合わせて使うとよいでしょう。

グリーン&多肉植物

ドライフラワーやプリザーブドフラワーでは難しいつる系が充実。多肉植物はボトルの中に風景をつくりたい時に。

ミニシサスアイビー / サッカレンテン / グリーンネックレス / エアープランツ

おすすめ資材

花材以外の資材もボトルに入れられます。本書で使用した資材を紹介します。

白砂 / リサイクルガラス

砂や粒ガラス
ジオラマ風アレンジに。花留めにもなるので便利。
→P23〜24参照

ぼん天※オーナメント / パールガーランド / リボン

リボンやオーナメント
アレンジのアクセントや花留めに。キャップのデコレーションにも。→P19、P24など参照

ウサギのスタンプ 英字スタンプ

紙・インク
ボトルの中に文字やキャラクターを入れたい時に。
→P25参照

ドライフラワーを作ってみましょう2

01 スプレーバラを必要な長さにカットし、余分な葉を除く。花材は新鮮でしっかりと水あげされたものを使用する。

02 容器にドライフラワー用乾燥剤を半分ほど入れ、カットしたスプレーバラの茎から差し込む。

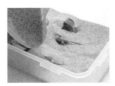

03 ドライフラワー用乾燥剤を、花が完全に隠れるまで入れる。

04 容器の蓋をして、湿気が少なく、日の当たらない場所に1週間ほど置く。出来上がりはP53に掲載。

←P53から続く

ドライフラワーに向く花材

◎アジサイ
◎オレガノ
◎カスミソウ
◎スターチス（リモニウム）
◎センニチコウ
◎デルフィニウム
◎ミモザ
◎ラベンダー

※ぼん天……毛糸や糸などで作る、丸い房状のもの。

Herbarium Q&A

Q. 飾る場所はどこがいい？

A. ハーバリウムは自然光や照明の光が当たると、よりきれいに見えます。ただし、直射日光は植物の劣化を早める可能性もあるので、なるべくカーテン越しの優しい光が当たる場所に飾りましょう。

Q. オイルの中に入れてはいけないものは？

A. 水分のあるものはNGなので、生花は入れられません。湿気を含んでいるドライフラワーやプリザーブドフラワーも使うのはやめましょう。

Q. デザインに飽きたり、植物が劣化した場合、中の花材を交換できる？

A. 一度使用したオイルは時間が経つと劣化します。そこに新しい花材を入れても、花材の劣化を速めるだけなので、オイルの使いまわしはやめましょう。

Q. 時間が経ったらキャップが緩んできた

A. ボトルとキャップのネジ部分に、オイルが付着している可能性があります。アルコール除菌シートできれいに拭き取り、さらに乾いたティッシュなどで拭いてから閉め直してみましょう。それでも緩んでくる場合は、ボトルとキャップを多用途接着剤で接着しましょう。

Q. オイルの中にゴミが浮いてきた

A. オイルを入れる前に必ずゴミを取り除くようにします。それでも浮いてくることも。気になる場合はピンセットで取り除きましょう。その時、ピンセットに付着したオイルで、ボトル周辺を汚してしまうことがあるので、ピンセットをオイルの入ったボトルの中で使う時は、すぐにオイルオフできるティッシュやアルコール除菌シートを用意しておきます。

Q. 無色透明だったオイルの色が変わってきた

A. 残念ながら、元に戻すことはできません。色が変わった理由は、花材にカビや水分が付着していた、植物の色素や染料がオイルに溶け出した、ボトルに汚れや水分が付いていた、などが考えられます。次回はこれらの点に気を付けて作るようにしましょう。

Q. オイルを入れたら、花材が浮いてきたから修正したい

A. オイルを入れ、時間が経つと、花材や資材が思っていたレイアウトと違ってくることがあります。花材や資材にオイルが染み込みやすい場合は沈んでいき、空気を含んでオイルが染み込みにくい場合はそのままか、浮いてくることがあります。オイルを入れた後の修正は難しいので、なぜ浮くのか、沈むのかを考えて次回の注意点にしましょう。

器のこと

花材の姿や色を楽しむハーバリウムの器は、細長い形のボトルが主流です。代表的なボトルと選び方のヒントをご紹介します。

代表的なボトルの形

ハーバリウムで定番といわれる専用ボトルをピックアップしました。

円柱（スタッキング）
ボトルを重ねて使うことが可能。四方見のデザインに向いています。下部のくぼみにLEDライトが入れられます。

角柱（四角）
花材や資材のシルエットをそのまま見せたい時や、正面のあるデザインに向いています。

角柱（六角）
面が多いボトルはミラー効果で、角度により二重に見えることも。それを生かしたデザインを。

円柱
正面あり・なしの両方のデザインに使用可能。オイルが入ると花材が一回り大きく見えます。

テーパー型
円柱同様、幅広いデザインに。底辺が広いので、背が高くても安定感があります。

ウイスキー型
横幅が広いので、面で構成するデザインに向いています。本書ではリースやスワッグで使用。

ドロップ型
コロンとした形がかわいい人気のボトルです。花材が留まりにくいので、花留めに工夫が必要。

こんな器も人気

試験管
理科の実験などに使われる試験管は、「植物標本」に近いイメージ。蓋付きのものを選ぶとよい。

試薬瓶
試験管同様、理科系イメージのボトル。入れ口が広いので、初心者にも扱いやすい。

ジャム瓶
ジャムやコンポートなどが入っていたおしゃれな瓶は、ハーバリウムでも活用可能。

密閉瓶
ピクルス作りなどで使用する取っ手付きの瓶は、密閉性が高くオイル漏れの心配なし。

角形
4面どこから見ても楽しめるようなデザイン。密閉性のない蓋は置き場所に注意。

球体
オイルが入ると花材が大きく見えるのが特徴。円柱同様、正面あり・なしのデザインに使用可能。

ボトルの形で変わる花の見え方

オイルを入れると、ボトルはレンズのような効果を発揮し、花の見え方も変わります。

角柱（四角）
オイルを入れても正面からは、花材や資材はほぼそのままの形や大きさで見えます。

角柱（六角）
対角方向からはミラー効果で同じパターンが繰り返され、花材や資材の数が増えて見えます。

円柱
凸レンズと同じように、中の花材や資材が一方向に拡大して見えます。

球体
ボトルが虫メガネのような働きをし、花材や資材が拡大して見えます。

デザインに合う器選びを

器もデザインの重要な要素。イメージに合う器を選びたいものです。基本は、中がよく見えるガラス製で、転倒してもオイルが漏れない蓋付きのものを選びましょう。蓋は密閉性に優れたネジ式がベター。使用前には必ず洗浄し、器本体、蓋を完全に乾かします。スリムな形は花材が留めやすいのですが、幅広の形は花留めが難しく、花材が浮きやすくなります。デザイン、花材に応じて、器をチョイスすることが大切です。

Column

手持ちの器を使う時は

事前に器の密閉性をチェック
水を入れて蓋を閉め、瓶を逆さまにしてこぼれないかを確認してから使いましょう。

接着剤で蓋を固定
蓋がきっちり閉まらない場合は、オイルを入れた後に、蓋と本体を接着剤で付けましょう。

オイルのこと

ハーバリウムに使用するオイルにはどんなものがあるのでしょうか？ その特徴は？ また使用するための注意点などをあげてみました。

ハーバリウムオイルは主に2種類

専用オイルは主に2種類あります。使う前にその違いを知りましょう。

オイルは専用の ものがおすすめ

ハーバリウム専用と呼ばれるオイルには、主にシリコンオイルとミネラルオイルの2種類があり、そのどちらも高度に精製された無色透明、無臭の不純物を含まないものです。そのため、きちんと密閉して冷暗所に保管をしていれば、オイル自身が劣化することはほとんどありませんし、オイルに花材を入れた時も、美しい状態で長く楽しむことができます。専用オイルではなく、市販のベビーオイルを使うことも可能ですが、不純物が混ざっていることで、オイルの劣化スピードが速まり、花材の劣化も進むことがあります。そのことを理解した上で使用しましょう。

シリコンオイル

化粧品やツヤ出しなどにも使われるシリコンオイル。流動点がマイナス50度以下と低いため、寒冷地でも安心して使用できます。また、引火点が300度以上で消防法上「非危険物」に区分され、多くの方が集まる場所での作品販売や、通販での作品販売にも安心して使用できます。比重が高いので、ミネラルオイルに比べて花材が浮きやすいのですが、粘度の高いものを選べば花材は動きにくくなり安定します。

ミネラルオイル

流動パラフィンとも呼ばれ、ベビーオイルの原料としても使用されています。屈折率がシリコンオイルよりも高く、光を多く閉じ込められるので、より明るく見せることができます。流動点がシリコンオイルに比べると高く、寒冷地ではオイルが白く濁ることもあります。また、引火点が低く危険物に該当するものもあるので注意。比重がシリコンオイルに比べて低いので、花材が沈みやすいのが特徴です。

Column

オイルは注ぎ口の ある容器に 移し替えるとよい

ハーバリウムオイルは注ぎ口がある容器に移し替えて使いましょう。ゆっくり注ぐことができ、花材に直接オイルがかかりにくくなります。専用の容器（右の写真）やノズル付きキャップのものを利用するとよいでしょう。

※消防法上、引火点が250度以上のものは「非危険物」となります。

ハーバリウムオイルの使用上の注意点

いくつかの注意点を守って、安全に使いましょう。

1. 肌に触れてしまったら

手に付いたオイルが目や口に入ったり、資材を汚すことのないように早めに洗浄しましょう。テーブルや床にこぼしてしまった場合は、アルコール除菌シートできれいに拭き取ってください。

2. 誤飲に注意

無色透明、無臭なので飲料水と間違えて誤飲しないよう、子どもやペットの手の届かない場所で保管しましょう。万が一、目に入ったり、誤飲をした場合はすぐに洗浄して、医師の診察を受けてください。

3. 混ぜない

シリコンオイルとミネラルオイルを混ぜると白濁してしまい、ハーバリウムオイルの特徴である透明性が失われてしまいます。また、2種類のオイルを使い分ける場合は、使用するオイルの種類ごとに、別々に道具を用意することをおすすめします。同じ種類のオイル同士を混ぜる場合は、オイルとしては問題ありませんが、引火点が変動して品質の保証ができなくなります。催事場での物販、飛行機での運搬など、「非危険物」の証明が必要な場合には、オイルは混ぜないで使用してください。

4. 火の気のない場所で使用・保管

ハーバリウムオイルは引火点が高いので、常温で燃えることはほとんどありませんが、可燃液体類なので、火の気のないところでの使用・保管を徹底しましょう。ハーバリウムオイル自体に消費期限はありません。きちんと保管すれば、半永久的に使うことができます。

5. 廃棄方法

廃棄する場合は、流しなどに捨てないこと。通常、家庭用油と同様、新聞紙や古紙などに吸わせたり、市販の凝固剤を使用して、可燃ゴミとして処理します。各自治体の指示がある場合はそれに従ってください。

ビニール袋に古紙などを入れ、そこにオイルを吸わせて処理するとよい。

How to make

P6〜27、P30、P41、P48 の作り方

本書で掲載したハーバリウムの作り方を紹介します。
一つひとつの工程を丁寧に行うと、美しく仕上げることができます。

P6 ローズ

花材数本をそのまま入れる時、一番長い花材の丈はワイヤで正確に測ります。

No.3

- **花材** / スプレーローズ(複色)2〜3輪 [D]
- **器** / ガラスボトル(四角 100ml 幅4×奥行き4×高さ12.5cm 口径2cm)
- **ハーバリウムオイル** / 約110ml
- **その他の材料** / 水溶性フラワーコーティング剤(ドライフラワー用)、ワイヤ、ラベル
- **道具** / ハサミ、ピンセット、アルコール除菌シート

作り方

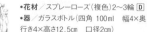

Point

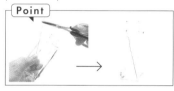

01 ボトルに入れるローズの長さをワイヤで計測。ワイヤをボトルに当て、対角にぴたりと収まる長さにカット。

02 01のワイヤの長さに合わせてローズをカット。それより短い丈のローズもカットしておく。

03 02のローズにコーティング剤をかけ、乾燥させる。短いローズをボトルに入れる。

04 長いローズの茎元と先端をボトルの角に当て、対角に収まるように配置。オイルを入れ、キャップを閉める(P33⑩〜⑬参照)。好みでボトルにラベルを貼る。

No.1　No.2

No.1
- **花材** / スプレーローズ(ピンク)2〜3輪 [D]

No.2
- **花材** / スプレーローズ(ワインレッド)2〜3輪 [D]

- 花材以外はNo.3と同じ。
- 作業工程はNo.3と同じ。

P6 ミモザ

ばらばらになりやすい小花は、事前に茎元を接着剤で一つにしておきます。

No.4

- **花材** / ミモザ花2枝、葉2〜3本 [D]
- **器** / ガラスボトル(四角 100ml 幅4×奥行き4×高さ12.5cm 口径2cm)
- **ハーバリウムオイル** / 約110ml
- **その他の材料** / 水溶性フラワーコーティング剤(ドライフラワー用)、ワイヤ、フラワーデザイン用接着剤、ラベル
- **道具** / ハサミ、ピンセット、アルコール除菌シート

作り方

01 ローズ同様、長さをワイヤで計測し、ミモザをカット。

02 コーティング剤をかけ、乾燥させる。ボトルの隣に仮置きし、ボリュームや長さを確認する。

Point

03 ミモザの茎元に接着剤を付け、一つにまとめる。

04 03の茎元と先端をボトルの角に当て、対角に収まるように配置。オイルを入れ、キャップを閉める(P33⑩〜⑬参照)。好みでボトルにラベルを貼る。

P6 デルフィニウム

No.5

- **花材** / デルフィニウム花2枝 [D]

- 花材以外はNo.4と同じ。
- 作業工程はNo.4と同じ。

※省略記号 [D]=ドライフラワー、[P]=プリザーブドフラワー、[A]=アーティフィシャルフラワー

カスミソウ
P7

枝分かれしたところに絡めていくので、花材を細かく切り刻まないようにしましょう。

- **花材**／カスミソウ(オレンジ)3〜4枝 P
- **器**／ガラスボトル(四角 100ml 幅4×奥行き4×高さ12.5cm 口径2cm)
- **ハーバリウムオイル**／約110ml
- **その他の材料**／ラベル
- **道具**／ハサミ、ピンセット、アルコール除菌シート

No.6

| 作り方 |

01 ボトルのサイズに合わせて切り分ける。

 Point
02 指先で枝分かれした部分を広げ、ふんわりさせる。

03 ボトルの隣に仮置きし、ボリュームや長さを確認。

04 空間を残しながら、分岐した枝に引っ掛けるようにして入れる。

05 最後の花材はボトルの肩に当たるように配置。オイルを入れ、キャップを閉める(P33⑩〜⑬参照)。好みでラベルを貼る。

No.7

- **花材**／カスミソウ(グリーン)3〜4枝 P
- ●花材以外はNo.6と同じ。
- ●作業工程はNo.6と同じ。

アジサイ
P7

カスミソウ同様、花がつぶれている場合には、指先でふんわりと広げてから使用を。

- **花材**／アジサイ(ブルー)適量 P
- **器**／ガラスボトル(四角 100ml 幅4×奥行き4×高さ12.5cm 口径2cm)
- **ハーバリウムオイル**／約110ml
- **その他の材料**／ラベル
- **道具**／ハサミ、ピンセット、アルコール除菌シート

No.10

| 作り方 |

01 アジサイを切り分け、指先で枝分かれした部分の花を広げておく。

02 ボトルの隣に仮置きし、ボリュームや長さを確認。

 Point 下向き↓
03 ボトルの底は、花を下向きにして入れることで、隅々まで花材が入ってきれいに仕上がる。

04 空間を残しながら、分岐した枝に引っ掛けて入れる。オイルを入れ、キャップを閉める(P33⑩〜⑬参照)。好みでラベルを貼る。

 NG
空間があることでそこに光が入り、きれいに見えるので、花材の詰め込みすぎには注意。

 No.8
 No.9

No.8
- **花材**／アジサイ(ライムパープル)適量 P

No.9
- **花材**／アジサイ(ピンクライム)適量 P
- ●花材以外はNo.10と同じ。
- ●作業工程はNo.10と同じ。

P9 ラスカス

この形状のボトルは、丈の短い花材の固定は難しいので、花材同士を一つにまとめてから中へ。
コルクの蓋は、花材とオイルを入れてから接着剤で固定して、オイル漏れを防ぎましょう。

No.16

- **花材**／ラスカス大小各1枝 [P]
- **器**／試験管（円柱 コルク蓋付き 150ml φ4×高さ15cm 口径3.6cm）
- **ハーバリウムオイル**／約160ml
- **その他の材料**／ニス（ツヤなし）、フラワーデザイン用接着剤、多用途接着剤
- **道具**／ハサミ、ピンセット、アルコール除菌シート

作り方

01 コルク栓にオイルが染み込まないように、ニスでコーティングする。 **Point**

02 ラスカスを試験管の丈に合わせて、大小2本にカット。ボトルの隣に仮置きし、ボリュームや長さを確認。

03 2本の茎元をフラワーデザイン用接着剤で一つにまとめる。

04 03をボトルの中へ入れる。花材が固定されたかをボトルを逆さまにしてチェック（P33⑩参照）。

05 オイルはコルク栓が当たらない位置まで入れる。 **Point**

06 コルクの周り3ヵ所に、多用途接着剤を付けてから栓をする。コルクにオイルが付くと、接着剤の効き目が弱くなるので注意。 **Point**

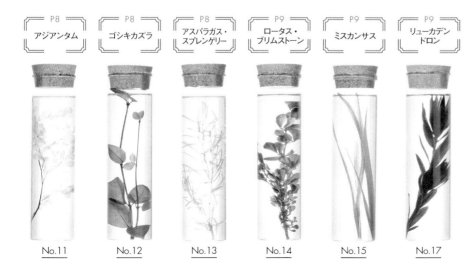

P8 アジアンタム	P8 ゴシキカズラ	P8 アスパラガス・スプレンゲリー	P9 ロータス・ブリムストーン	P9 ミスカンサス	P9 リューカデンドロン
No.11	No.12	No.13	No.14	No.15	No.17

No.11
- **花材**／アジアンタム大小各1枝 [P]

No.12
- **花材**／ゴシキカズラ大小各1枝 [P]

No.13
- **花材**／アスパラガス・スプレンゲリー大小各1枝 [P]

No.14
- **花材**／ロータス・ブリムストーン大小各1枝 [P]

No.15
- **花材**／ミスカンサス7本 [P]

No.17
- **花材**／リューカデンドロン大小各1枝 [P]

●花材以外はNo.16と同じ。
●作業工程はNo.16と同じ。

P10 ラークスパー&ミスカンサス

ラークスパーが引き立つように、スリムなミスカンサスを添えるように配置します。
花材はフラワーデザイン用接着剤で一つにまとめてから、ボトルの中へ。

No.19

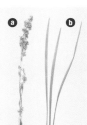

- 花材／ⓐラークスパー（ピンク）花1枝 [D]、ⓑミスカンサス3本 [P]
- 器／ガラスボトル（四角 200ml 幅4×奥行き4×高さ21.5cm　口径2cm）
- ハーバリウムオイル／約210ml
- その他の材料／水溶性フラワーコーティング剤（ドライフラワー用）、フラワーデザイン用接着剤
- 道具／ハサミ、ピンセット、アルコール除菌シート

作り方

01　ミスカンサス3本をボトルに当て、1本は肩に当たる長さに、残り2本はそれより短めにカット。

02　ラークスパーはミスカンサスよりも短めに1枝カットし、コーティングする。ボトルの隣に花材を仮置きし、ボリュームや長さを確認。

03　花材を束ね、その茎元をフラワーデザイン用接着剤で一つにまとめる。その際、ミスカンサスは先端が重ならないようにする。

04　03をボトルの中へ入れる。オイルを入れ、キャップを閉める（P33⑩〜⑬参照）。

P10 デルフィニウム&ゴシキカズラ　　P11 ローズ&ベアグラス　　P11 ローズ&アイビー

No.18　　No.21　　No.22

No.18
- 花材／デルフィニウム（ホワイト）花大小各1枝 [D]、ゴシキカズラ大小各1枝 [P]

No.21
- 花材／ローズ（レッド）花2輪 [D]、ベアグラス2〜3本 [P]

No.22
- 花材／ローズ（ピンク）花2輪 [D]、アイビー1枝 [P]
- 器／ガラスボトル（四角 150ml 幅4×奥行4×高さ17cm　口径2cm）
- ハーバリウムオイル／約160ml

● 他はNo.19と同じ。
● 作業工程はNo.19と基本同じ。ローズは高低差を付けてカットして使用。

P12 ローズペタル

360度どこからでも美しく見えるように作ります。
ペタル（花びら）が沈まないように、テグスに貼り付けてボトルの中へ入れます。

No.25

- 花材／ローズ（ⓐ濃いオレンジ、ⓑ薄いオレンジ）各1輪 P、ⓒカスミソウ（ホワイト）2〜3枝 P
- 器／ガラスボトル（ドロップ型　200ml φ7.5×高さ13.5cm 口径2cm）
- ハーバリウムオイル／約210ml
- その他の材料／テグス（2号）、フラワーデザイン用接着剤、タッセル（好みで）
- 道具／ハサミ、ピンセット、アルコール除菌シート、ブーケスタンド

作り方

01　ローズのがくを取り外してペタルにする。カスミソウも3cm程度に切り分ける。

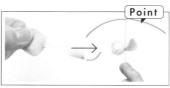

02　ブーケスタンドなどを利用して、長さ40cmのテグスを垂らす。

03　垂らしたテグスにペタルをフラワーデザイン用接着剤で貼り付ける。その際、テグスを挟むようにしてから左右にペタルを貼る。同じようにして、等間隔にペタルを貼り付けていく。

04　1本目のテグスにペタルを貼り付けたところ。同じものをもう1本作る。

05　1本目のテグスをボトルの中に入れる。

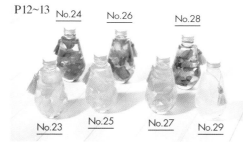

P12〜13　No.24　No.26　No.28
No.23　No.25　No.27　No.29

● No.23〜24、No.26〜29の花材は、それぞれのローズの濃い色、薄い色とカスミソウ（ホワイト）を使用。
● 花材以外はNo.25と同じ。
● 作業工程はNo.25と同じ。

06　03のすき間に、切り分けたカスミソウを入れたら、2本目のテグスも入れ、さらにカスミソウを入れる。

07　オイルを入れ、キャップを閉める（P33⑩〜⑬参照）。出来上がりに、好みでタッセルを付ける。

P67 フェザーリングの方法

プリザーブドフラワーのカーネーションは、がくを取り除いて小分けにして使います。その方法を紹介します。

Before

01　茎とがくを取り外し、花びらと分ける。

02　花びらを3等分くらいにする。

03　花びらの根元に糸針金（#34・ゴールド）を巻き付ける。

04　余分な花びらの根本や糸針金はカットする。

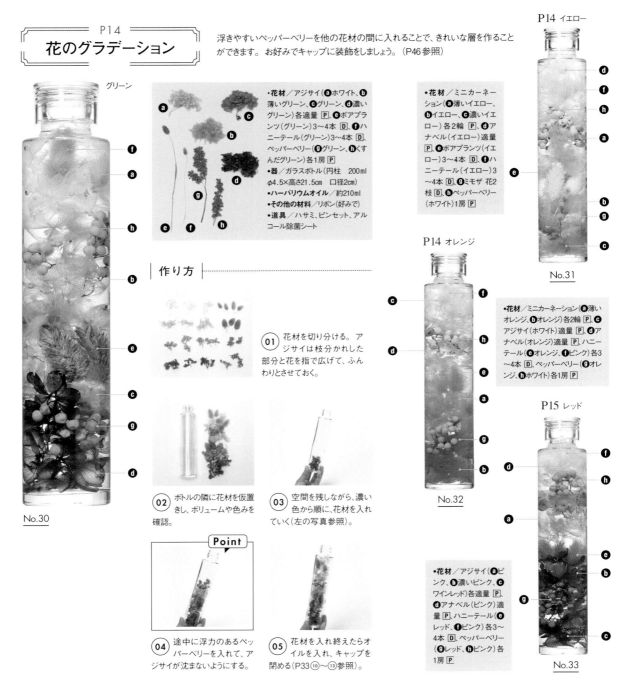

P15 パープル

No.34

- 花材／アジサイ(**a**ラベンダー、**b**パープル、**c**濃いパープル)各適量 P、**d**アナベル(パープル)適量 P、**e**ボアプランツ(パープル)3〜4本 D、**f**ハニーテール(パープル)3〜4本 D、ペッパーベリー(**g**パープル、**h**薄いピンク)各1房 P

P15 ブルー

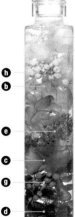

No.35

- 花材／アジサイ(**a**薄いブルー、**b**くすんだブルー、**c**ブルー、**d**濃いブルー)各適量 P、**e**ボアプランツ(ブルー)3〜4本 D、**f**ハニーテール(ホワイト)3〜4本 D、ペッパーベリー(**g**ブルー、**h**ホワイト)各1房 P

● 花材以外はNo.30と同じ。
● 作業工程はNo.30と同じ。ただし、カーネーションは切り分けないでフェザーリングして使用(作り方はP65参照)。ミモザはコーティング剤をかけて使用。

P16 ローズの花束

瓶の口が広く、花束が浮きやすい試薬瓶は、束ねたところに鉛シートを重しとして巻き付けます。

No.36

- 花材／**a**スプレーローズ(イエロー)2〜3輪 D、**b**フラックス2〜3枝 P、**c**グレビレア・アイバンホー 葉2〜3枚 D
- 器／試薬瓶(丸 250ml φ6×高さ14cm 口径4cm)
- ハーバリウムオイル／約260ml
- その他の材料／水溶性フラワーコーティング剤(ドライフラワー用)、**d**鉛シート、ロウ引きの紐または麻紐、多用途接着剤、グログランリボン
- 道具／ハサミ、ピンセット、アルコール除菌シート

作り方

(01) メインとなるローズ1本をボトルの丈に合わせてカット。ローズはコーティングしておく。

(02) 他のローズやつぼみは、(01)より低くなるように配置して束ねる。

(03) フラックスとグレビレア・アイバンホーを(02)のローズに添えるようにして束ねる。

(04) (03)をロウ引きの紐で留め、余分な茎をカット。ボトルの隣に置き、確認する。

Point
(05) 束ねた部分に、鉛シートを巻き付ける。その上にリボンをかける。

(06) (05)を瓶へ。オイルを入れて、花材に染み込むまで数日置く。

Point
(07) 数日後、瓶の蓋に3ヵ所ほど多用途接着剤を付け、蓋を閉める。

P16 アンモビウムの花束

No.37

- 花材／**a**アンモビウム 3〜4輪、**b**ブルーサルビア 花2枝、**c**アベナ 適量 すべて D
- 器／試薬瓶(丸 120ml φ5.5×高さ11cm 口径3.5cm)
- ハーバリウムオイル／約130ml

● 他はNo.36と同じ。
● 作業工程はNo.36と同じ。

67

P17 オレガノの花束

細長いボトルを使用する場合、花束を中へ入れる時に、ボトルの内側に花束が当たり、ほどよく固定される幅とサイズにします。オレガノにはコーティング剤をかけておきましょう。

- •花材／ⓐオレガノ・サンタクルーズ花2〜3枝 D、ⓑソフトストーベ1枝 P、ⓒグニ・ユーカリ大小各1枝 P
- •器／ガラスボトル（四角 200ml 幅4×奥行き4×高さ21.5cm 口径2cm）
- •ハーバリウムオイル／約210ml
- •その他の材料／水溶性フラワーコーティング剤（ドライフラワー用）、糸針金（#34・ゴールド）、リネンリボン
- •道具／ハサミ、ピンセット、アルコール除菌シート

作り方

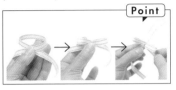

① リボンでループを作り、手で押さえた部分を糸針金で留める。

② ボトルの丈に合わせて、グニ・ユーカリをカット。

③ 他の花材は②のグニ・ユーカリより短めにカットし、手元でまとめる。

④ ③でまとめた部分を、①のリボンの糸針金で巻き留める。余分な糸針金をカット。

⑤ ボトルの隣に仮置きし、ボリュームや長さを確認。

⑥ ⑤をボトル中へ。オイルを入れキャップを閉める（P33⑩〜⑬参照）。

No.39

P17 ラベンダーの花束

- •花材／ラベンダー3本 D、メタラシア 花1枝 P、シャワーグラス 大中小各1枝 P
- •器／ガラスボトル（四角 150ml 幅4×奥行き4×高さ17cm 口径2cm）
- •ハーバリウムオイル／約160ml
- ●他はNo.39と同じ。
- ●作業工程はNo.39と同じ。

No.38

P30 デルフィニウム＆ラスカス

- •花材／デルフィニウム花2枝 D、ラスカス大小各1枝 P
- ●花材以外はP32のNo.20と同じ。
- ●作業工程はP32のNo.20と同じ。

No.60

P18
ニゲラ・オリエンタリスのアレンジ

この形状のボトルは花材の固定が難しいので、ワイヤ入りリボンを使ってガーランド(※)を作り、中へ入れて花留めにします。

No.40

- **花材**／ⓐニゲラ・オリエンタリス実2本 [D]、ⓑコアラファーン1枝 [P]、ⓒムタンバナッツ3個 [D]
- **器**／ガラスボトル(ドロップ型 200ml φ7.2×高さ13.5cm 口径2cm)
- **ハーバリウムオイル**／約210ml
- **その他の材料**／ⓓワイヤ入りリボン、セロハンテープ、コットンリボン(好みで)
- **道具**／ハサミ、ピンセット、アルコール除菌シート

| 作り方 |

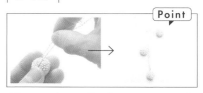

Point

01 ムタンバナッツの溝に、約30cmのワイヤ入りリボンを引っ掛けて留める。間をあけて残りのムタンバナッツも掛け留め、ガーランドを作る。ワイヤ入りリボンの先端は長めに残しておく。

02 ①をボトルの中へ入れる。ワイヤ入りリボンの先端はボトルの口元にテープで仮留めしておく。

03 ニゲラ・オリエンタリスはボトルに入るサイズを選び、コアラファーンは葉を整理しておく。

04 ③を、花材同士絡めたり、②に引っ掛けたりして入れる。最後にワイヤ入りリボンの先端を中へ入れる。

05 お好みでキャップに装飾を施す(P46参照)。オイルを入れ、キャップを閉める(P33 ⑩〜⑬参照)。

P18
シルバーデイジーのアレンジ

No.41

- **花材**／シルバーデイジー花2輪 [D]、ユーカリ(実付き)小2枝 [P]、マメカラ2個 [D]
- **器**／ガラスボトル(エスカルゴ型 100ml 幅7.2×奥行4.7×高さ9.3cm 口径2cm)
- **ハーバリウムオイル**／約110ml
- **その他の材料**／ワイヤ入りリボン、セロハンテープ、タッセル(好みで)
- ●道具はNo.40と同じ。

01 マメカラはワイヤ入りリボンに引っ掛けて留め、ガーランドを作る。

02 ①をボトルの中へ入れる。

03 切り分けた花材をガーランドに引っ掛けながら入れる。

04 オイルを入れ、キャップを閉める(P33 ⑩〜⑬参照)。お好みでネック部分にタッセルを付ける。

Point

花材はボトルを横に倒して入れるが、オイルを入れる時は、オイルを入れやすいように、ボトルを立てて入れる。

※ガーランド……紐に花などを間隔をあけて付けた飾り。

P19 ゴールドのアレンジ

このアレンジは先にパールガーランドを入れ、花留めにしています。
メタリック素材は、空間を多めに残した方がキラキラ感が際立つでしょう。

No.42

- **花材**／ⓐミニヒイラギ小2枝 [P]、ⓑミニカスミソウ（ゴールド）2〜3枝 [C]、ⓒフェザーグラス7〜8本 [D]
- **器**／ガラスボトル（クビレ型 200ml φ5.5×高さ21.5cm 口径2cm）
- **ハーバリウムオイル**／約210ml
- **その他の材料**／ⓓ市販のパールガーランド、フラワーデザイン用接着剤、セロハンテープ、メタリックリボン（好みで）
- **道具**／ハサミ、ピンセット、アルコール除菌シート

作り方

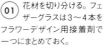

Point

① 花材を切り分ける。フェザーグラスは3〜4本をフラワーデザイン用接着剤で一つにまとめておく。

② パールガーランドをボトルの中へ入れる。ガーランドの先端は、ボトルの口元にテープで仮留めしておく。

③ パールガーランドのすき間に、花材を下から積み重ねるように入れる。透けないミニヒイラギは、1ヵ所に固まらないように配置。

④ フェザーグラスは、軽くて他の花材に押されやすいので、途中と最後に入れるとよい。

⑤ 花材をすべて入れたら、口元に留めてあったパールガーランドの先端をボトルの中へ。

⑥ 好みでキャップに装飾を施す（P46参照）。オイルを入れ、キャップを閉める（P33⑩〜⑬参照）。

P19 シルバーのアレンジ

No.43

- **花材**／シルバーデイジー花3輪 [D]、ミニカスミソウ（シルバー）2〜3枝 [P]、スターナッツ（シルバー）3個 [D]
- **その他の材料**／ワイヤ入りリボン、セロハンテープ、メタリックリボン（好みで）
- ●他はNo.42と同じ。

① スターナッツをワイヤ入りリボンに引っ掛けて留め、ガーランドを作る（P69のNo.40①参照）。シルバーデイジーは花の頭のみ使用。ミニカスミソウは切り分けておく。

② ガーランドを入れてから、他の花材をバランスよく中へ。残りの工程はNo.42の⑤⑥と同じ。

P20 リボンのリース

No.46

- **花材**／ソフトストーベ（グリーン）適量 [P]、ユーカリ（小葉）適量 [P]、ペッパーベリー（グリーンロゼ）適量 [P]
- **その他の材料**／コットンリボン15mm幅、それ以外はP72のNo.49と同じ。
- **道具**／針と糸、グルー&グルーガン、それ以外はP72のNo.49と同じ。
- ●他はNo.49と同じ。

①〜④はP72のNo.49と同じ。

⑤ コットンリボンの片側の端を糸で並縫いにして、ギャザーを寄せる。40cmのリボンを10cmに。

⑥ リースベースに⑤をグルーで貼る（Point参照）。ユーカリ、ペッパーベリー、ソフトストーベをカットし、全体のバランスを見て、フラワーデザイン用接着剤でリースベースに貼り付ける。

⑦ 残りの工程はP72のNo.49の⑧〜⑭と同じ。

Point

リボンは点線の切れている部分を下にして、リースベースに貼り付ける。

P20 ペッパーベリーのスワッグ

花材は左右に分けて束を作り、中央で一つにまとめ、スワッグのような仕上がりに。
透明のPVCシートを使ってスワッグをつり下げ、浮いているように見せています。

パープル

No.45

オレンジ

No.44

- 花材のペッパーベリー(オレンジ)以外はNo.45と同じ。
- 作業工程はNo.45と同じ。

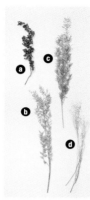

- **花材**／**ⓐ**ペッパーベリー(パープル)適量 P、**ⓑ**ラスカス大小各1枝 P、**ⓒ**アスパラガス・スプレンゲリー大小各1枝 P、**ⓓ**モリソニア(白グリーン)花3~4枝 P
- **器**／ガラスボトル(ウイスキー型 200ml 幅7.8×奥行き4.4×高さ14.5cm 口径2cm)
- **ハーバリウムオイル**／約210ml
- **その他の材料**／糸針金(#28、#34・ゴールド)、PVCシート(2×6.5cm)1枚、グログランリボン、フラワーデザイン用接着剤
- **道具**／ハサミ、ピンセット、アルコール除菌シート、目打ち

| 作り方 |

01 リボンでループを作る(P68①参照)。

02 ボトルのサイズに合わせてそれぞれの花材をカット。長めと短めで2セット作る。

03 ②の長めのラスカスとアスパラガス・スプレンゲリー、モリソニアを糸針金(#28)で束ねる。

04 ペッパーベリーを③に、フラワーデザイン用接着剤で留める。短めの花材も同様に作る。

長め　短め
05 長めの花材の糸針金に、短めの花材を留め付ける。

06 ①を⑤の中央に糸針金(#34)で留める。余分な糸針金はカットする。

裏側　穴
07 PVCシートの下から5mmの中央の場所に目打ちで穴を開け、⑥の糸針金を通す。

08 通した糸針金を両開きにし、外れないようにする。

Point
09 ⑧のPVCシートを持ちながら、長いほうからボトルの中へ入れる。長いほうが入ったら、続けて短いほうとPVCシートを一緒に入れる。

PVCシートの先端
10 全部入ったらPVCシートをボトルの口から引き上げ、ピンセットで全体を調整する。オイルを入れ、キャップを閉める(P33⑩〜⑬参照)。

P21 アナベルのリース

PVCシートでリースベースを作り、テグスでつり下げます。
アナベルは立体的に貼り付けると、オイルを入れた時にきれいに見えます。

パープル
No.49

- **花材**／**ⓐ**アナベル（ラベンダー）適量 **P**、**ⓑ**イモーテル（イエロー）花5輪 **P**、**ⓒ**ミニカスミソウ（ホワイト）適量 **P**
- **器**／ガラスボトル（ウイスキー型200ml 幅7.8×奥行4.4×高さ14.5cm 口径2cm）
- **ハーバリウムオイル**／約210ml
- **その他の材料**／コピー用紙、PVCシート、ジュートファイバー、糸針金（#34・ゴールド）、テグス（4号）、リボン、フラワーデザイン用接着剤
- **道具**／ハサミ、ピンセット、アルコール除菌シート、目打ち

作り方

PVCシート

型紙 → 切れ目を入れる

01 コピー用紙で型紙（外径5×内径3cm）を作る。その上にPVCシートをのせる。

02 PVCシートと型紙を重ねてカットする。

Point

03 02でカットしたPVCシートにジュートファイバーを巻き付け、糸針金で固定する。

04 つり下げ用のテグスを03の中央に付ける。リースベースの完成。

05 アナベルを1輪ずつカットする。

ピンク
No.47

イエロー
No.48

- **花材**／アナベル（ピンク）適量 **P**、イモーテル（ホワイト）花5輪 **P**、ミニカスミソウ（ミントグリーン）適量 **P**

- **花材**／アナベル（イエロー）適量 **P**、イモーテル（ピンク）花5輪 **P**、ミニカスミソウ（グリーン）適量 **P**

● 花材以外はNo.49と同じ。
● 作業工程はNo.49と同じ。

↑切れ目あり

↑切れ目あり

06 05のアナベルを、04のリースベースにフラワーデザイン用接着剤で重ねながら、立体的に貼り付ける。

07 イモーテルとカスミソウを貼り付け、上部中央にリボンをフラワーデザイン用接着剤で貼り付ける。

08 キャップの内側のパッキンを目打ちで剥がし、中央に穴を開けておく。

09 ⑦の切れ目部分をひねり伸ばし、ボトルの中へ。その際、つり下げ用のテグスが中へ入らないように手で持っておく。

10 リース全体が入ったら形を整え、ボトルを逆さまにしてゴミを出す。

11 つり下げ用のテグスを引き上げ、⑧のパッキンの穴に通す。

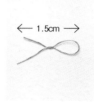

12 糸針金でループを作り、ひねり留める。

13 ⑫の糸針金のパーツに、⑪のテグスを巻き付け、結んで固定する。

14 ⑬のパッキンをキャップに戻す。オイルを入れ、キャップを閉める（P33⑪〜⑬参照）。

P22 ライム&オレンジ

最下段のドライフルーツはグルーを使用して、直接瓶に固定。重ねていくドライフルーツはドライフルーツ同士をグルーで固定していきます。グルーはできるだけ表から見えない位置に付けましょう。

No.51

- 花材／ⓐライム1個、ⓑオレンジ1枚、ⓒシナモンスティック(4cm)3〜4個、ⓓスターアニス2〜3個　すべて D
- 器／ジャム瓶(四角　170ml　幅6×奥行き6×高さ8.3cm　口径4.2cm)
- ハーバリウムオイル／約180ml
- 道具／ハサミ、ピンセット、グルー&グルーガン、アルコール除菌シート

作り方

01 ライムにグルーを付け、瓶の底に固定する。

02 オレンジは3等分にカットしておく。

03 バランスを見ながら、スターアニス、シナモンスティック、カットしたオレンジにグルーを付け、瓶の中で固定する。

04 花材がすべて入ったら、瓶を逆さまにしてゴミを出す。グルーが固まってからオイルを入れ、蓋を閉める（P33⑪〜⑬参照）。

P23 エアプランツ&グリーンネックレス

リサイクルガラスをジェルでガラスポットの底に固めて、花留めにします。ジェルを溶かすにはIHコンロを使用してください。直火はNGです。

No.52

- **花材**／ⓐサッカレンテン1個 A、ⓑエアプランツ1個 A C、ⓒグリーンネックレス1本 A、ⓓ流木1本 D
- **器**／ガラスポット(四角 蓋付き 220ml 幅7×奥行き7×高さ7.5cm 口径6.6cm)
- **ハーバリウムオイル**／約230ml ※ミネラルオイルを使用
- **その他の材料**／ⓔジェル(ファーストジェル)適量、リサイクルガラス(ⓕ茶、ⓖ透明)適量
- **道具**／ハサミ、ピンセット、アルコール除菌シート、鍋、IHコンロ

作り方

① 2種のリサイクルガラスを洗浄・乾燥させておく。

② 金属製の鍋にジェルをちぎって入れ、IHコンロの低温で温め、ジェルを溶かす。※詳しくは取扱説明書の指示に従うこと。

上から見たところ。

③ ②に①のリサイクルガラスを入れて混ぜ合わせ、ガラスポットに注ぎ込む。

Point

④ ジェルが少し固まってきたら、流木を入れる。ジェルが完全に固まったら、流木が入らないので注意。

⑤ サッカレンテン、エアプランツを入れ、最後にグリーンネックレスを飾り付ける。オイルを入れ、蓋をする。

P23 サッカレンテン

No.53

- **花材**／サッカレンテン(ピンク、グリーン)各1個 A、小枝、太い枝各1本 D
- **器**／ガラスポット(丸 蓋付き 200ml φ7×高さ8.5cm 口径6cm)
- **ハーバリウムオイル**／約210ml ※ミネラルオイルを使用
- 他はNo.52と同じ

①〜③の工程はNo.52と同じ。

④ ジェルが冷めないうちに、太い枝を手前に、小枝を奥に入れる。

⑤ サッカレンテンのピンクを右に、グリーンを左に入れる。オイルを入れ、蓋をする。

※No.52〜53の蓋は密閉状態にはならないので、飾る場所に置いてから、オイルを入れること。転倒にも注意を。

P22 レモン&アップル

No.50

- **花材**／ミニレモン2個、アップル1個、スターアニス2個、チリ1個 すべて D
- **器**／保存瓶(楕円形 100ml 幅7×奥行4×高さ10cm 口径4.5×3cm)
- **ハーバリウムオイル**／約110ml
- 他はP73のNo.51と同じ。

① ミニレモンにグルーを付け、瓶の底に固定する。

② バランスを見ながら、残りのドライフルーツをグルーで付ける。

③ 花材がすべて入ったら、瓶を逆さまにしてゴミを出し、オイルを入れて蓋を閉める。(P33⑪〜⑬参照)

P24 スノーマン

ぼん天（※）のオーナメントは、弾力性があり、小さくつぶれるので口の小さなボトルにも入れることができます。オーナメントに紐やクリップが付いている場合は、取り除いておきましょう。

No.55

- **花材**／ⓐミニカスミソウ（ホワイト）1枝 P、ⓑユーカリ・グロボラス小1枝 P、ⓒストレンギア花2輪 P、ⓓヒムロスギ適量 P、ⓔスギの実3～4個 D
- **器**／ガラスボトル（ウイスキー型 200ml 幅7.8×奥行4.4×高さ14.5cm 口径2cm）
- **ハーバリウムオイル**／約210ml
- **その他の材料**／ⓕスノーマンのオーナメント、ⓖ白砂 適量、テグス（4号）、フラワーデザイン用接着剤
- **道具**／ハサミ、ピンセット、アルコール除菌シート

作り方

Point

① 白砂を洗浄し、乾燥させておく。クリップを取り除いたスノーマンの底に接着剤を付け、ボトルに固定する。

② 白砂を入れる。その後は、ボトルを逆さまにしないように。花材ゴミはピンセットで取り除く。

③ 飾りを作る。ストレンギアをバラバラに分けて、テグスに接着剤で等間隔に付けておく。

④ スギの実をスノーマンの左右に、切り分けたヒムロスギを、左に入れる。

⑤ ユーカリをヒムロスギより高い位置に入れた後、カスミソウを左右に入れる。

⑥ ③をボトルの中へ入れる。オイルを入れ、キャップをする（P33⑪〜⑬参照）。

P24 サンタクロース

No.54

- **花材**／ミニカスミソウ（ホワイト）1枝 P、マウンテンジュニパー適量 P、ノグルミ2個 D、フラワーコーン1枝 D、シナモンスティック1本 D
- **その他の材料**／サンタクロースのオーナメント、トピアリーボール（発泡スチロール球）、リボン、リサイクルガラス（透明）適量、テグス（4号）、フラワーデザイン用接着剤、両面テープ、水性ペン（白）
- ●道具は目打ち、それ以外はNo.55と同じ。

① リサイクルガラスを洗浄し、乾燥させておく。サンタクロースに付属品がある場合は取り除く（Point左参照）。

② ボトルにサンタクロースを固定し、リサイクルガラスを入れる。花材をバランスよく入れる。

③ 文字を書いたシナモンスティックにつり下げ用のテグスを通し、キャップのパッキンに固定する。（Point右参照）。オイルを入れ、キャップをする（P33⑪〜⑬参照）。

Point　付属のクリップを取り除き、ボトルに固定しやすいように胴体を作り、頭部と合体する。胴体は、両面テープを貼ったトピアリーボールにリボンを巻き付ける。頭部と胴体、付属のリボンを接着剤で付ける。

Point　文字は水性ペンで。テグスはシナモンスティックの空洞部分に通しキャップのパッキンに固定する（P72⑧、P73⑫〜⑭参照）。

※ぼん天……毛糸や糸などで作る、丸い房状のもの。

75

P25 イースターバニー

「ウサギのピック」は、厚紙にスタンプを押して作っています。裏には英字スタンプを押して、後ろから見えてもかわいく仕上げています。紙のピックなので、口の小さなボトルにも簡単に入ります。

No.56

- **花材**／ⓐカスミソウ(ピンク)2枝 P、ⓑサッチリード(ライトグリーン)2本 D、ⓒハニーテール(アプリコット)5本 D、ⓓアジサイ(イエロー)適量 P
- **器**／ガラスボトル(六角 150ml 幅4.9×奥行4.3×高さ16.7cm 口径2
- **ハーバリウムオイル**／約160ml
- **その他の材料**／ⓔ厚紙、スタンプ(ⓕ英字、ⓖウサギ)、ⓗスタンプインク(茶)、ワイヤ(#26・ゴールド)、フラワーデザイン用接着剤
- **道具**／ハサミ、ピンセット、アルコール除菌シート、目打ち、ラジオペンチ

| 作り方 |

01 厚紙の表にウサギのスタンプ、裏に英字を押し、ウサギの形に沿ってカットする。

02 目打ちなどにワイヤの先端を二重に巻き付ける。そこに①のウサギのパーツを挟み込んでピックにする。

03 ハニーテールは2〜3本ずつ束ねて、茎元を接着剤で留める。ウサギのピックの先をラジオペンチでU字に丸めておく。

04 残りの花材をカットし、ボトルの隣に仮置きし、ボリュームと長さを確認。

05 ボトルの底にアジサイを入れて花留めする。ウサギのピックの先をアジサイに引っ掛けるようにして入れる。

06 カスミソウ、ハニーテールを花材同士、引っ掛けながらバランスよく入れる。

07 ボトルを逆さまにして、花材が動かないことを確認。オイルを入れ、キャップを閉める(P33⑪〜⑬参照)。

P41 ホワイト&グリーン

No.61

P41 イエロー&パープル

No.63

No.61
- **花材**／アジサイ(ライトグリーン)適量 P、カスミソウ(ホワイト)3枝 P、ニゲラ・オリエンタリス(ホワイト)4輪 D、ヒメワラビ葉3枚 D

No.63
- **花材**／アジサイ(ラベンダー)適量 P、リンフラワー・ミニ(イエロー)6枝 P、ボアプランツ(イエロー)3本 D、アグロスティス(パープル)2本 P

● 花材以外はP43のNo.62と同じ。
● 作業工程はP43のNo.62とほぼ同じ。ニゲラ・オリエンタリスやボアプランツのような、固まりのある花材は、花の頭だけを使用する。

P26 ハロウィン

コウモリのオーナメントはサテンリボンで作ります。
ミニパンプキンは浮きやすいので、ワイヤを直接ボトルに固定します。

No.57

- **花材**／ⓐカンガルーポー1枝 P、ⓑボアプランツ(パープル)2本 D、ⓒゴアナクロウ1枝 P、ⓓアジサイ(パープル)適量 P、ⓔワイヤ付きミニパンプキン3個
- **器**／ガラスボトル(ハート型 150ml φ5×高さ17cm 口径2cm)
- **ハーバリウムオイル**／約160ml
- **その他の材料**／サテンリボン(黒)、糸針金(#28・ゴールド)、フラワーデザイン用接着剤
- **道具**／ハサミ、丸刃のハサミ、ピンセット、アルコール除菌シート、ラジオペンチ

作り方

01 コウモリを作る。サテンリボンを二つ折りにし、上部はカーブを、下部は丸刃のハサミでカットする。

02 コウモリを2つ作り、コウモリの中心に糸針金をかけ、2つをつなげてガーランドにする。

03 ミニパンプキン1個はワイヤをカットし、もう1個の上部に接着剤で付けておく。根元はラジオペンチでU字に曲げる。

04 花材をカットし、ボトルの隣に仮置きし、ボリュームや長さを確認する。

Point

05 ミニパンプキンのU字部分に接着剤を付け、ボトルの底に固定する。アジサイを入れて花留めにする。

06 ボアプランツ、ゴアナクロウを⑤の花材に引っ掛けるようにして入れ、固定。コウモリのガーランドを入れる。

07 カンガルーポーを入れ、逆さまにして固定を確認。オイルを入れ、キャップをする(P33⑪〜⑬参照)。

P48 オレンジ系

No.64

- **花材**／ライスフラワー(コーラルピンク)2枝 P、ピーコックグラス(ホワイト)2本 P、マルセラ(オレンジ)7本 D
- **器**／ガラスボトル(テーパー型 150ml φ5×高さ17cm 口径2cm)
- **オイルランプ専用オイル**／リキッドキャンドル(シャンパンゴールド)約160ml
- ●他はP49のNo.66(リボンと針は除く)と同じ。

01 花材を切り分け花束を作り、糸針金で茎元を留め、ボトルの中へ。

02 残りの工程はP49のNo.66 ⑭〜⑰と同じ。

P48 グリーン系

No.65

- **花材**／フウセンポピー(ホワイト)2本 D、ユーカリ・ポポラス小2枝 D、シャワーグラス2本 P
- **器**／ガラスボトル(ドロップ型 200ml φ7.5×高さ13.5cm 口径2cm)
- **オイルランプ専用オイル**／リキッドキャンドル(クリア)約210ml
- ●他はP49のNo.66(リボンと針は除く)と同じ。

01 フウセンポピーは糸針金で一つにまとめ、その他は切り分ける。

02 ⑪を半分ほどボトルの中へ。

03 残りの工程はP49のNo.66 ⑭〜⑰と同じ。

P27 水引飾り

水引飾りのすき間に花材を引っ掛けて、花留めにしています。
お好みでキャップに装飾を施しましょう。

No.58

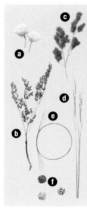

- **花材**／ⓐコギク(イエロー)2輪 P、ⓑヒメナンテン(グリーン)大小各1枝 P、ⓒミリオクラダス1枝 P、ⓓイナホ(ゴールド)1本 D
- **器**／ガラスボトル(六角 200ml 幅4.9×奥行4.3×高さ21.5cm 口径2cm)
- **ハーバリウムオイル**／約210ml
- **その他の材料**／水引(黒)3本、ⓕ和飾り3個、リボン留めテープ、テグス(4号)、糸針金(#34・ゴールド)、リボン(好みで)
- **道具**／ハサミ、ピンセット、アルコール除菌シート、目打ち

作り方

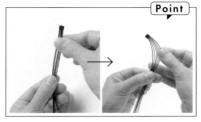

Point

01 水引で飾りを作る。水引3本を半分にカットして6本にし、端をリボン留めテープで固定。指でしごいてカーブを作る。

02 ①の水引をボトルの高さに収まるよう、カーブを3ヵ所に作り、リボン留めテープで固定。

03 和飾り3個につり下げ用のテグスを通す。テグスの長さはボトルの位置を見ながら決める。横一列に並ばないよう段差を付けるとよい。キャップ付属のパッキンに固定する(P73⑪〜⑬参照)。

04 ボトルの隣に花材を仮置きし、ボリュームや長さを確認する。

05 ②の水引飾りをボトルの中へ入れる。

06 短めにカットしたミリオクラダスと、ヒメナンテンをボトルの底に入れる。

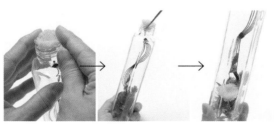

07 コギクを入れる。コギクはボトルの口元の途中まで優しく指で押し込み、後はピンセットで中へ入れるとよい。

08 コギクと長めにカットしたヒメナンテン、イナホを入れる。水引に引っ掛けるようにして、入れるとよい。

09 好みでキャップを装飾(P46参照)。③のパッキンをキャップに戻し、和飾りをボトルの中へ。オイルを入れ、キャップを閉める(P33⑪〜⑬参照)。

P27 掛け軸

和柄のリボンを掛け軸に見立てています。リボンには重しとして、鉛シートを付けています。お好みでキャップにタッセルを付けてもよいでしょう。

No.59

- **花材**／ⓐペッパーベリー（レッド）1房 P、ⓑヒメナンテン（グリーン）大小各1枝 P
- **器**／ガラスボトル（四角150ml 幅4×奥行き4×高さ17cm 口径2cm）
- **ハーバリウムオイル**／約160ml
- **その他の材料**／ⓒ和柄リボン18mm幅、ⓓ鉛シート、ⓔ水引パーツ2個、テグス（4号）、糸針金（#34・ゴールド）、フラワーデザイン用接着剤、両面テープ、タッセル（好みで）
- **道具**／ハサミ、ピンセット、アルコール除菌シート、目打ち

作り方

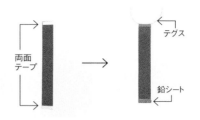

01 長さ15cmのリボン表側の両端に両面テープを貼り、上はテグスを、下は鉛シートを挟んで折り返す。

02 ボトルの隣に花材を仮置きし、ボリュームや長さを確認する。

03 ヒメナンテンとペッパーベリーを、⑴のリボンの長さに合わせてカットし、茎元を糸針金で束ねる。余分な茎や糸針金はカットする。ペッパーベリーは浮力が強いので、実を整理して調整する。

04 ⑶の茎元とヒメナンテンの葉をフラワー用接着剤で、⑴のリボンに貼り付ける。その際、上部に少し空間を残しておく。

05 水引パーツを⑷のリボン上部に、フラワー用接着剤でバランスよく貼り付ける。

06 ⑸のテグスをキャップ付属のパッキンに通し、長さを決めたら固定し、元に戻す（P72⑧、P73⑪〜⑭参照）。オイルを入れ、キャップを閉める（P33⑪〜⑬参照）。

さあ、ハーバリウムを始めよう！ **本書の資材が購入できるところ**

- **アンナサッカ東京** 東京都千代田区鍛冶町1丁目9番16号
  丸石第2ビル1階・4階　TEL 03-5297-2740
- **アンナサッカ大阪** 大阪府大阪市北区鶴野町2番19号
  TEL 06-6371-7863
  http://mkaa.co.jp/

  ネット販売 花の資材屋イーアンナサッカ e-Annasakka
  https://www.rakuten.co.jp/cotta/
  ※東京と大阪に店舗がある花材専門店。本書で紹介している資材の多くを取り扱っている。

- **ユザワヤ 蒲田店**
  東京都大田区西蒲田8-23-5
  TEL 03-3734-4141

  ネット販売 ユザワヤ公式ネットショップ
  http://www.yuzawaya.shop/
  ※手作りホビー材料の大型専門店。全国60店舗にてハーバリウム関連資材を取り扱っている。

- **シモジマ east side tokyo**
  東京都台東区蔵前1丁目5-7
  TEL 03-5833-6541
  http://eastsidetokyo.jp/

  ネット販売 east side Tokyo ONLINE SHOP
  https://www.est-ec.com/
  ※シモジマの花材専門店。多数のハーバリウム関連資材をそろえ、花の講習会も開催。

Sachiko Fukumoto
福本幸子（ふくもと さちこ）

松村工芸株式会社 アンナサッカ東京 デザイナー。公益社団法人日本フラワーデザイナー協会講師。ゼネコンの現場監督から花業界へ転職。フラワースクール講師、生花店勤務を経てフラワー資材の製造、販売、輸入を行っている松村工芸株式会社に入社。店頭の作例制作、講習会を担当。お客様の声を直接聞き作例制作にも取り入れ、「作品に一工夫」をモットーに、花や植物がさらに美しく楽しい世界になるよう提案をしている。

Special Thanks
松村工芸株式会社

協力
カメヤマ株式会社
東京リボン株式会社
フロールエバー株式会社

デザイン
日高慶太、志野原 遥、庭月野 楓（以上、monostore）

撮影
大坪尚人、杉山和行（以上、講談社写真部）

編集協力
茶木真理子

イチバン親切！ オリジナル作品が作れる！
わたしだけのハーバリウムBook

2018年7月6日　第1刷発行

著　者　福本幸子
発行者　渡瀬昌彦
発行所　株式会社 講談社
　　　　〒112-8001　東京都文京区音羽2-12-21
　　　　（販　売）03-5395-3606
　　　　（業　務）03-5395-3615
編　集　株式会社講談社エディトリアル
　　　　代表　堺 公江
　　　　〒112-0013　東京都文京区音羽1-17-18
　　　　護国寺SIAビル6F
　　　　（編集部）03-5319-2171
印刷所　株式会社東京印書館
製本所　大口製本印刷株式会社

定価はカバーに表示してあります。
本書のコピー、スキャン、デジタル化等の無断複製は、
著作権法上の例外を除き禁じられています。
本書を代行業者等の第三者に依頼してスキャンやデジタル化することは、
たとえ個人や家庭内の利用でも著作権法違反です。
落丁本・乱丁本は購入書店名を明記のうえ、講談社業務あてにお送りください。
送料は講談社負担にてお取り替えいたします。
なお、この本の内容についてのお問い合わせは、
講談社エディトリアルあてにお願いいたします。

N.D.C.793　79p　21cm
©Sachiko Fukumoto, 2018 Printed in Japan
ISBN978-4-06-511604-3